法藏知津

九　編

杜　潔　祥　主編

第49冊

《五燈拔萃》整理與研究（中）

王　閏　吉　著

花木蘭文化事業有限公司

國家圖書館出版品預行編目資料

《五燈拔萃》整理與研究（中）／王閏吉 著 -- 初版 -- 新北市：
花木蘭文化事業有限公司，2023〔民 112〕
目 22+178 面；19×26 公分
（法藏知津九編 第 49 冊）
ISBN 978-626-344-129-3（精裝）
1.CST：五燈會元 2.CST：注釋
011.08   111010334

ISBN-978-626-344-129-3

法藏知津九編
第四九冊   ISBN：978-626-344-129-3

《五燈拔萃》整理與研究（中）

作　　者　王閏吉
主　　編　杜潔祥
副總編輯　楊嘉樂
編輯主任　許郁翎
編　　輯　張雅淋、潘玟靜　美術編輯　陳逸婷
出　　版　花木蘭文化事業有限公司
發 行 人　高小娟
聯絡地址　235 新北市中和區中安街七二號十三樓
　　　　　電話：02-2923-1455 ／傳真：02-2923-1452
網　　址　http://www.huamulan.tw 信箱 service@huamulans.com
印　　刷　普羅文化出版廣告事業
初　　版　2023 年 9 月
定　　價　九編 52 冊（精裝）新台幣 120,000 元

《五燈拔萃》整理與研究（中）

王閏吉　著

目次

《五燈拔萃》卷五

馬祖下

《五燈會元》卷第七

馬祖下

石頭遷禪師法嗣

荊州天皇道悟章

道悟同時有二人，一住荊南城西天王寺，嗣馬祖。一住荊南城東天皇寺，嗣石頭。其下出龍潭信者，乃馬祖下天王道悟，非石頭下天皇道悟也。何以明之？按唐正議大夫戶部侍郎平章事荊南節度使丘玄素所撰《天王道悟禪師碑》云：首悟，渚宮人，姓崔氏，子玉之後胤也。年十五依長沙寺曇翥律師出家，二十三詣嵩山受戒，三十參石頭頻沐指示，曾未投機，次謁忠國師。三十四與國師侍者應真南還謁馬祖。祖曰：識取自心本來是佛，不屬漸次，不假修持，體自如如，萬德圓滿。師於言下大悟。祖囑曰：汝若住持，莫離舊處。師蒙旨已，便返荊門，去郭不遠，結草為廬。後因節使顧問左右，申其端緒。節使親臨訪道，見其路隘，車馬難通，極目荒榛，曾未修削，覩茲發怒，令人擒師，拋於水中。旌旆纔歸，乃見遍衙火發，內外烘燄莫可近之，唯聞空中聲曰：我是天王神，我是天王神。節使回心設拜，煙燄都息，宛然如初。遂往江邊，見師在水，都不濕衣。節使重伸懺悔迎請，在衙供養，於府西造寺，額號天王。師常云：快活！快活！及臨終時叫：苦！苦！又云：閻羅王來取我也。院主問曰：和尚當時被節度使拋向水中，神色不動，如今何得恁麼地？師舉枕子云：汝道當時是，如今是？院主無對，便入滅。當元和三年戊子十月十三日也。年八十二，坐六夏。嗣法一人，曰崇信，即龍潭也。

> 天皇道悟：六祖慧能、青原行思、石頭希遷、天皇道悟（法嗣
> 三人：惠真、文賁、幽閑）。

青原下

石頭希遷禪師法嗣

城東天皇道悟章

城東天皇道悟禪師者，協律郎符載撰碑，乃與《景德傳燈》合其碑云：道悟，姓張氏，婺州東陽人，十四出家，依明州大德祝髮，二十五受戒于杭州竹林寺。初參國一，留五年，大曆十一年，隱于大梅山。建中初，謁江西馬

祖。二年參石頭，乃大悟。遂隱當陽紫陵山，後於荊南城東有天皇廢寺，靈鑒請居之。元和二年丁亥四月十三日，以背痛入滅，年六十，坐三十五夏。法嗣三人：曰慧真，曰文賁，曰幽閑。今荊南城東有天皇巷存焉。唐聞人歸登撰南嶽讓禪師碑，列法孫數人於後，有天王道悟名。圭峯答裴相國宗趣狀，列馬祖法嗣六人，首曰江陵道悟。權德輿撰馬祖塔銘：載弟子慧海智藏等十一人，道悟其一也。又呂夏卿張無盡著書皆稱道悟嗣馬祖，宗門反以為誤。然佛國白《續燈錄》，敘雪竇顯為大寂九世孫，《祖源通要錄》中，收為馬祖之嗣，達觀穎以丘玄素碑證之，疑信相半。蓋獨見丘玄素碑，而未見符載碑耳。今以二碑參合，則應以天皇道悟嗣石頭，以慧真、文賁、幽閑嗣之，而於馬祖法嗣下增入天王道悟，以龍潭、崇信嗣之，始為不差誤矣。

龍潭信禪師法嗣

鼎州德山宣鑒章

上堂。若也於己無事，則勿妄求。妄求而得，亦非得也。汝但無事於心，無心於事，則虛而靈，空而妙。若毛端許，言之本末者，皆為自欺。何故？毫氂繫念，三塗業因。瞥爾情生，萬劫羈鎖。聖名凡號，盡是虛聲。殊相劣形，皆為幻色。汝欲求之，得無累乎？及其厭之，又成大患，終而無益。

　　三塗：《四解脫經》以三塗對三毒。一火塗瞋恚，二刀塗慳貪，三血塗愚癡。

　　生按著：山云：特地與他案定之也。又生案著，乃一一與他案過驗過一同也。

　　隔下語：隔上語隔下語，俗諺也。隔上語，乃虛頭不實者，隔下乃實語也。

　　擘開眼曰：以手張目也。是威小兒相弄貌。

　　阿㖿㖿：山云：忍痛之聲也。

　　不較多：不究云也。

德山鑒禪師法嗣

鄂州巖頭全奯章

　　邐迤：次第之義也。

　　聲前古毚爛：山云：機語也。或云：未問以前已答了。

僧問：無師還有出身處也無？師曰：聲前古魃爛。

　　亞身：山云：坐時作挺身勢耳。

　　韓信臨朝底：方語，性命在別人手裏。又云：去死十分。

　　瓜州賣瓜漢：方語，屋裏販揚州。山云：屋裏鬻揚州一般也。

瓜州便是揚州也。或云：擔水賣河頭一般也。有何益乎？

　　卓朔地：山云：驚惶之貌也。立耳貌也。

　　管帶：先達云：猶亡管帶〔註1〕佛法，蓋讚歎之語也。又云：

管帶把住堅切處也。

　　平掌打：謂掌也。豎掌打。謂摑也。

　　腳下過也：言透過了也。或云：直下到義也。

師嘗謂眾曰：老漢去時，大吼一聲了去。唐光啟之後，中原盜起，眾皆避地，師端居晏如也。一日賊大至，責以無供饋，遂傳刃焉。師神色自若，大叫一聲而終，聲聞數十里。即光啟三年丁未四月八日也。門人後焚之，獲舍利四十九粒，眾為起塔，諡清嚴禪師。

　　剸刃：文選。韋照云：北方人呼插〔註2〕物地中為剸。自若モトノ如シ也。

福州雪峯義存章

無依時如何？師曰：猶是病。曰：轉後如何？師曰：船子下揚州。

　　船子下揚州：方語也。注云：富貴任意。又云：慣得其便。言轉換病了，如意自在，猶船子下揚州。

　　沒標的：源云：無定據也。山云：標的者，射垛也。言極目見的也無。

　　轉後如何：先達云：猶言轉換其病了後如何。

　　後事：出世邊事也。

　　前事：不出世邊事也。

問：學人乍入叢林，乞師指箇入路？師曰：寧自碎身如微塵，終不敢瞎卻一僧眼。問：四十九年後事即不問，四十九年前事如何？師以拂子驀口打。

　　閩王：王審知據福建號閩。王延彬者，王審知次男也。

〔註1〕云管帶：云，原作「亡」，「管帶」原用一豎代替。

〔註2〕插：字漫糊不清。

隨行：隨時行者也。

作斫牌勢：言兩陣正戰時，各有牌護身防箭也。

玄沙謂師曰：某甲如今大用去，和尚作麼生？師將三箇木毬一時拋出。沙作斫牌勢。師曰：你親在靈山方得如此。沙曰：也是自家事。

巖頭奯禪師法嗣

福州羅山道閑章

洪塘橋下一寨：福建間之橋也。寨者，防河水之具也。和訓ノ，サカモギ也。

毛頭星：惡星也。亦兵亂之星也。

九女不攜，誰是哀提者：山云：曉不得，教中恐有此事。或云：安國師請注云：九女，少子也。言十歲已前，幼稚而不能自立之女子，誰助之乎？

白鶴銜苦桃：白鶴銜苦桃。千里作一息。欲往蓬萊山。將此充糧食。寒山詩。

貞女室中吟：山云：正也。貞正之女，在房中自吟詠。

僧舉寒山詩。問：白鶴銜苦桃時如何？師曰：貞女室中吟。曰：千里作一息時如何？師曰：送客郵亭外。曰：欲往蓬萊山時如何？師曰：欹枕覷獼猴。曰：將此充糧食時如何？師曰：古劍髑髏前。

欹枕覷獼猴：山云：閑中看他忙亂也。

古劍髑髏前：方語，不存性命者方知。

福州香谿從範章

師披衲衣次，說偈曰：迦葉上行衣，披來須捷機。纔分招的箭，密露不藏龜。

迦葉上行衣：或云：糞掃衣也。

纔分招的箭，密露不藏龜：言箭中紅心龜卜吉凶也。

雪峯存禪師法嗣

福州玄沙師備宗一章

所以一句當天，八萬門永絕生死。云々。

當天：猶當陽也。

趁讚：山云：隨隊喧鬧。

師云：佛法因緣事大，莫作等閑相似，聚頭亂說，雜話趁讚過時。光陰難得，可惜許。云々。

頂族：山云：諸佛向上事也。師云：祇如從上宗乘，是諸佛頂族，汝既承當不得，所以我方便勸汝，但從迦葉門接續頓超去。云々。

迦葉門：此宗自迦葉相傳也。

沙門不應出頭來，不同夢事：言若出頭來便同夢事。

失食：忘食也。

師上堂語云：夫學般若菩薩，須具大根器，有大智慧始得。若有智慧，即今便出脫得去。若是根機遲鈍，直須勤苦耐志，日夜忘疲，無眠失食，如喪考妣相似。恁麼急切，盡一生去，更得人荷挾，尪骨究實，不妨易得構去。

更得人荷挾，尪骨究實，不妨易得構去：謂，得知識加護，方了箇事也。

業次：山云：此業次第歟？

天人羣生類所作業次，受生果報，有情無情，莫非承汝威光，乃至諸佛成道成果，接物利生，莫非盡承汝威光。云々。知麼？汝既有如是奇特當陽出身處，何不發明取？因何卻隨他向五蘊身田中鬼趣裏作活計，直下自護去？忽然無常殺鬼到來，眼目讚張，身見命見，恁麼時大難支荷，如生脫龜殼相似，大苦。仁者，莫把瞌睡見解便當卻去，未解蓋覆得毛頭許。汝還知麼？三界無安，猶如火宅。且汝未是得安樂底人，祇大作群隊干他人世，這邊那邊飛走，野鹿相似，但求衣食。若恁麼爭行他王道？知麼？國王大臣不拘執汝，父母放汝出家，十方施主供汝衣食，土地龍神荷護汝，也須具慚愧知恩始得。莫孤負人好！長連床上排行著地銷將去，道是安樂未在，皆是粥飯將養得汝，爛冬瓜相似變將去，土裏埋將去。業識茫茫，無本可據。沙門因甚麼到恁麼地？祇如大地上蠢蠢者，我喚作地獄劫住。如今若不了，明朝後日入驢胎馬肚裏，牽犁拽杷，御鐵負鞍，碓擣磨磨，水火裏燒煮去，大不容易受，大須恐懼。好是汝自累。知麼？若是了去，直下永劫，不曾教汝有這箇消息。若不了此，煩惱惡業因緣，不是一劫兩劫得休，直與汝金剛齊壽。知麼？

讚張：誰也。相欺惑也。

身見命見：惜身命之見也。山云：身見者我見，命見者壽命見也。依業所隨，悉現前也。

爭行他王道：律意也。破戒比丘行王土時，有五百鬼，指彼比丘云：大賊，云々。

著地：山云：立地一般也。

排行：連坐貌也。

師云：今日作得一解險。云々。

作得一解險：言見解碍物猶險山。

師以杖指面前地白點曰還見麼？云々。

白點：或云：日影一點現前也。

師有偈曰：萬里神光頂後相，沒頂之時何處望？事已成，意亦休，此箇來蹤觸處周。智者撩着便提取，莫待須臾失卻頭。又曰：玄沙遊逡別，時人切須知。三冬陽氣盛，六月降霜時。有語非關舌，無言切要詞。會我最後句，出世少人知。問：四威儀外如何奉王？師曰：汝是王法罪人，爭會問事。

沒頂：沒頂後相之時也。

奉王：山云：即是明向上巴鼻。

師問文桶頭：下山幾時歸？曰：三五日。師曰：歸時，有無底桶子將一擔歸。文無對。歸宗柔代云：和尚用作甚麼？

桶頭：司桶者也。文，名也。

長慶來，師問：除卻藥忌作麼生道？慶曰：放憨作麼？師曰：雪峯山橡子拾食，來這裏雀兒放糞。師因僧禮拜，師曰：因我得禮汝。云々。

雪峯山橡子拾食，來這裏雀兒放糞：言喫雪峯飯，來這裏饒舌言語也。或云：罵人語。

因我得禮汝：山云：仙人禮蜀妻。言先世依此蜀妻苦行，得為仙人也。言僧來禮拜，是因師禮拜此僧也。

師南遊，莆田縣排百戲迎接。來日，師問小塘長老，昨日許多喧鬧，向甚麼處去也？塘提起衲衣角，師曰：料掉沒交涉。法眼別云：昨日有多少喧鬧？法燈別云：今日更好笑。

料掉沒交涉：山云：極隔遠也。沒交涉，尋常之語，無相干也。

客司：知客也。

打水：山云：只是汲水也。

福州長慶慧稜章

不避腥羶亦有少許：言不嫌腥物，乃為吐露（セン）也

前程全自闍黎：言已前全是你身上事也。私，前程上來前一件
也。

耳裏總滿：言諸方見聞底事，耳裏滿也。

上堂。良久曰：還有人相悉麼？若不相悉，欺誑兄弟去也。祇今有甚麼
事？莫有窒塞也無？復是誰家屋裏事，不肯擔荷，更待何時？若是利根，參
學不到這裏，還會麼？如今有一般行腳人，耳裏總滿也，假饒收拾得底，還
當得行腳事麼？問：名言妙義，教有所詮，不涉三科，請師直道？師曰：珍
重！師乃曰：明明歌詠汝尚不會，忽被暗裏來底事，汝作麼生？僧問：如何
是暗來底事？師曰：喫茶去。中塔代云：便請和尚相伴。

不涉三科：《注入楞伽》曰：先聖曰：世間不超三科，出世不過
二果。二果者，如來二轉依果也。三科者，即五蘊十二處十八界諸
妄心法也。

疏頭：山云：唐土僧去勸進，必有疏頭。

師入僧堂，舉起疏頭曰：見即不見，還見麼？眾無對。法眼代云：縱受
得，到別處亦不敢呈人。

漳州保福院從展章

師問羅山，僧問巖頭，浩浩塵中如何辨主？頭曰：銅沙鑼裏滿盛油，意
作麼生？山召師，師應諾。山曰：獼猴入道場。山卻問明招：忽有人問你，又
作麼生？招曰：箭穿紅日影。師問羅山：巖頭道與麼與麼，不與麼不與麼，意
作麼生？山召師，師應諾。山曰：雙明亦雙暗。師禮謝。三日後卻問：前日蒙
和尚垂慈，祇為看不破？山曰：盡情向汝道了也。師曰：和尚是把火行山。
曰：若與麼，據汝疑處問將來。師曰：如何是雙明亦雙暗？山曰：同生亦同
死。師又禮謝而退。別有僧問師：同生亦同死時如何？師曰：彼此合取狗口。
曰：和尚收取口喫飯。其僧卻問羅山：同生亦同死時如何？山曰：如牛無角。
曰：同生不同死時如何？山曰：如虎戴角。云々。

獼猴入道場：也是好笑也。

箭穿紅日影：好射之人也。

忌口：忌惡食也。

福州鼓山神晏興聖國師

上堂。良久曰：南泉在日，亦有人舉要，且不識南泉。即今莫有識南泉者麼？試出來，對眾驗看。

　　　南泉在日亦有人舉要，且不識南泉：山云：古人語也。或云：
　　　言南泉會下雖有舉揚南泉言句，而不知南泉意旨之謂也。

　　　一點隨流，食咸不重：或云：洞上宗旨之語，不易曉。或云：
　　　法喜禪悅食，更無餘食想之謂也。

　　　犴狳無風，徒勞展掌：愛風展縮手也。或云：勇風者歟？山云：
　　　曉不得。

問：如何是包盡乾坤底句？師曰：近前來！僧近前，師曰：鈍置殺人。曰：如何紹得？師曰：犴（河干〔註3〕）狳（余玉〔註4〕），無風，徒勞展掌。

　　　家常：人家朝暮之飯之謂也。故謂之家常也。

杭州龍華寺靈照真覺章

僧問：草童能歌舞，未審今時還有無？師下座作舞曰：沙彌會麼？曰：不會。師曰：山僧蹋曲子也不會。

　　　草童：山云：刈草之童，即牧兒也。或云：以草作也。源云：
　　　以草打成童子形。

　　　沙彌：指大眾也。

　　　蹋曲子：山云：口唱腳蹋也。

問：請師彫琢？師曰：八成。曰：為甚麼不十成？師曰：還知鏡清生修理麼？

　　　生修理：八成十成，乃修理而淳也。

問：如何是第一句？師曰：莫錯下名言。曰：豈無方便？師曰：烏頭養雀兒。

　　　烏頭養雀兒：源云：烏頭豈養雀兒乎？方語，死了也。

問：未剖以前，請師斷？師曰：落在甚麼處？曰：失口即不可。師曰：也是寒山送拾得。僧禮拜，師曰：住！住！闍黎失口，山僧失口。曰：惡虎不食子。師曰：驢頭出馬頭回。

〔註3〕河干：反切注音。
〔註4〕余玉：反切注音。

　　未剖：天地未分也。

　　失口：錯口也。

　　寒山送拾得：乃一家事也。

　　惡虎不食子：何和尚如此之謂也。

　　驢頭出馬頭回：往來之多也。

師驀問一僧，記得麼？曰：記得。師曰：道甚麼？曰：道甚麼？師曰：淮南小兒入寺。

　　淮南小兒入寺：不識觸淨底也。

　　深沙神：流沙神也。

明州翠巖令參永明章

問：僧繇為甚寫誌公真不得？師曰：作麼生合殺？問：險惡道中，以何為津梁？師曰：藥山再三叮囑。

　　合殺：山云：了辨也。或云：畢竟也。如何了當之義也。

　　藥山再三叮囑：或云：藥山傳中恐有言語。又抄云：看取藥山
　　示出離惡道之要也。又云：藥山說中欲益無所益，欲為無所為，宜
　　作舟航，無久滯此。

越州鏡清寺道怤順德章

禪師，永嘉陳氏子。六歲不葷茹，親黨強啖以枯魚，隨即溫噦。

　　溫噦：山云：吐出也。

師一日於僧堂自擊鐘曰：玄沙道底，玄沙道底。僧問：玄沙道甚麼？師乃畫一圓相。僧曰：若不久參，爭知與麼？師曰：失錢遭罪。

　　玄沙道底：方語，敢保老兄未徹在。又云：打我心痛。

問僧，趙州喫茶話，汝作麼生會？僧便出去。師曰：邯鄲學唐步。

　　邯鄲學唐步：方語。兩處俱失。

問：學人未達其源，請師方便？師曰：是甚麼源？曰：其源。師曰：若是其源，爭受方便。僧禮拜退。侍者問：和尚適來莫是成褫伊麼？師曰：無。曰：莫是不成褫伊麼？師曰：無。曰：未審意旨如何？師曰：一點水墨兩處成龍。

　　一點水墨兩處成龍：一句具二義也。

僧問：看甚麼經？師曰：我與古人鬥百草。

　　鬥百草：山云：中國小兒子成隊，取百草鬥。一人有奇異之草，
　　眾人都無之時，便是贏也。

師見僧學書，迺問：學甚麼書？曰：請和尚鑒。師曰：一點未分三分著地。云云。

> 一點未分三分著地：地，謂紙。尋常書寫之法也。又義之筆法
> 有入石三分。乃至錐畫沙等勢也。

上堂。如今事不得已，向汝道各自驗看實箇親切。既恁麼親切，到汝分上因何特地生疏？祇為拋家日久，流浪年深，一向緣塵致見如此，所以喚作背覺合塵，亦名捨父逃逝。今勸兄弟未歇歇去好，未徹徹去好，大丈夫兒得恁麼無氣概，還惆悵麼？終日茫茫地，且覓取箇管帶路好，也無人問我管帶一路。僧問：如何是管帶一路？師噓噓曰：要棒喫即道。曰：恁麼則學人罪過也。師曰：幾被汝打破蔡州。

> 生疏：生麤，太麤生也。

> 幾被汝打破蔡州：方語，命若懸絲。又云：賊身已露。又云：
> 死而不吊。

問：如何是方便門速易成就？師曰：速易成就。曰：爭奈學人領覽未的？師曰：代得也代卻。

> 代得也代卻：言可自承當，非我為汝代得處。

問：學人問不到處，請師不答？和尚答不到處，學人即不問。師乃搊住曰：是我道理，是汝道理？曰：和尚若打學人，學人也打和尚。師曰：得對相耕去。

> 得對相耕去：山云：此恐錯寫了，曉不得也。又云：只是相打
> 有對頭之語。或云：得相伴云也。

漳州報恩院懷岳章

僧問：十二時中如何行履？師曰：動即死。曰：不動時如何？師曰：猶是守古塚鬼。問：如何是學人出身處？師曰：有甚麼纏縛汝？曰：爭奈出身不得何？師曰：過在阿誰？問：如何是報恩一靈物？師曰：喫如許多酒糟作麼？

> 動即死：動者，所謂行履也。言才用行履，則死在句下也。

問：宗乘不卻，如何舉唱？師曰：山不自稱，水無間斷。

> 山不自稱：言山自不稱山名也。

臨遷化，上堂：山僧十二年來舉揚宗教，諸人怪我甚麼處？若要聽三經五論，此去開元寺咫尺。言訖告寂。

三經五論：三經者，謂，三時經也。五論者，謂，《華嚴》《阿
含》等五時之論也。就五時教，皆有論也。林云：三經者，《華嚴》
《法華》，炎也。五論者，《瑜伽》《唯識》并三論也。三論者，《百
論》《中論》《十二門論》也。

福州安國院弘瑶明真章

參雪峯。峯問：甚麼處來？曰：江西來。峯曰：甚麼處見達磨？曰：分
明向和尚道。峯曰：道甚偈麼？曰：甚麼處去來？

甚麼處去來：私云：言盡大地是箇達磨而去，更向什麼處去來？
問：如何是達磨傳底心？師曰：素非後躅。

素非後躅：山云：我素來，不是繼他後躅。
問：十二時中，如何救得生死？師曰：執鉢不須窺眾樂，履冰何得步參差？

執鉢不須窺眾樂，履冰何得步參差：山云：執鉢如如來弟子。
豈可看他作樂事。《智度論》云：汝已剃髮著條袈裟，執鉢行乞食，
云何樂著戲法，放逸縱情失法利？山云：佛弟子豈可著作樂事。又
見《修行道地經》第三。

南嶽金輪可觀章

問僧，作麼生是觀面事？曰：請師鑒。師曰：恁麼道還當麼？曰：故為
即不可。師曰：別是一著。

別是一著：上來數語，總是非端的事。

福州大普山玄通章

其僧問：如何是祖師西來意？師曰：齩骨頭漢出去。

齩骨頭：雖咬著更無滋味也。

福州長生山皎然章

普請次，雪峯問：古人道，誰知席帽下元是昔愁人，古人意作麼生？師
側戴笠子曰：這箇是甚麼人語？

誰知席帽下元是昔愁人：唐有罪重者，帶席帽。此人必有死罪。
普請次，雪峯負一束藤，路逢一僧便拋下。僧擬取，峯便蹋倒。歸謂師
曰：我今日蹋這僧快。師曰：和尚卻替這僧入涅槃堂始得。峯便休去。
問：路逢達道人，不將語默對？未審將甚麼對？師曰：上紙墨堪作甚麼？

上紙墨堪作甚麼：山云：此事不在言語也。

信州鵝湖智孚章

問：五逆之子，還受父約也無？師曰：雖有自裁，未免傷己。

　　　受父約：受嚴父制約之法也。

問：在前一句，請師道？師曰：腳跟下探取甚麼？

　　　在前一句：《心華》云：機先一句也。

鏡清問：如何是即今底？師曰：何更即今？清曰：幾就支荷。師曰：語逆言順。

　　　幾就支荷：山云：支當負荷。又云：支擔負荷。或云：幾得扶
　　持也。今時事乃立扶持也。《心華》云：言即今底道理，不假他人支
　　荷，悦涉問答則，近支荷。言何不獨脱。

　　　語逆言順：言句中有順有逆也。

漳州隆壽紹卿興法章

僧問：古人道：摩尼殿有四角，一角常露？如何是常露底角？師舉拂子。

福州蓮華永福院從弇超證章

問：不向問處領略，猶有學人問處，和尚如何？師曰：喫茶去。

　　　不向問處領：言向問之外領略，猶干問答也。領略，和訓，合
　　點也。

問：諸餘即不問，聊徑處乞師垂慈？師曰：不快禮三拜。

　　　聊徑處：直截處也。

問：摩尼殿有四角，一角常露？如何是常露底角？師曰：不可更點。

　　　常露底角：言如如不變之義也。

　　　不可更點：言既是常露底，不可用指點。

泉州東禪和尚章

問：如何是佛法大意？師曰：幸自可憐生剛要異鄉邑。

　　　異鄉邑：不是本所住處也。又云：不覺自身向覓也。

建州夢筆和尚章

問：師還將得筆來也無？師曰：不是稽山繡管，懇非月裏兔毫。大王既
垂。云々。

　　　稽山：會稽也。乃筆之出處也。

《五燈會元》卷第八

玄泉彥禪師法嗣

鄂州黃龍山誨機超慧章

初參巖頭，問：如何是祖師西來意？頭曰：你還解救糍麼？師曰：解。頭曰：且救糍去。

> 救糍：言村人杵粢，失乎則粘綴難解。須是急著手始得。又云：救糍者，去粘義。

問：毛吞巨海，芥納須彌，不是學人本分事？如何是學人本分事？師曰：封了合盤市裏揭。

> 封了合盤市裏揭：山云：合盤入果子箱也。或云：用合箱往市開之也。揭，開義也。大家見得也。

問：急切相投，請師通信？師曰：火燒裙帶香。

> 火燒裙帶香：裙帶香，山云：香名也。

問：風恬浪靜時如何？師曰：百尺竿頭五兩垂。

> 五兩垂：凡候風以雞羽重五兩，繫五丈旗頭，立軍營中。坡詩，艎轉三山沒，風回五兩偏。

僧問：百年後鉢囊子甚麼人將去？師曰：一任將去。曰：裏面事如何？師曰：線綻方知。曰：甚麼人得？師曰：待海燕雷聲，即向汝道。言訖而寂。

> 海燕雷聲：山云：海燕小鳥，如何作雷聲？

洛京栢谷和尚章

僧問：普滋法雨時如何？師曰：有道傳天位，不汲鳳凰池。

> 有道傳天位，不汲鳳凰池：言天子傳天位而已。不作群臣之事也。

懷州玄泉二世和尚章

僧問：辭窮理盡時如何？師曰：不入理豈同盡？問：妙有玄珠，如何取得？師曰：不似摩尼絕影豔，碧眼胡人豈能見？

> 不入理豈同盡：言先入其理，能盡其理，而後到其極。未入其理而豈云盡。

> 不似摩尼絕影豔，碧眼胡人豈能見：摩尼本自絕影，物來示現。

> 或云：絕者，非勝絕之義也。

羅山閑禪師法嗣

婺州明招德謙章

師到雙巖，巖請喫茶次，曰：某甲致一問：若道得，便捨院與闍黎住；若道不得，即不捨院。遂舉《金剛經》云：一切諸佛及諸佛阿耨多羅三藐三菩提法，皆從此經出，且道此經是何人說？師曰：說與不說，拈向這邊著。祇如和尚，決定喚甚麼作此經？巖無對。師又曰：一切賢聖，皆以無為法而有差別，則以無為法為極則，憑何而有差別？祇如差別，是過不是過？若是過，一切賢聖悉皆是過。若不是過，決定喚甚麼作差別？巖亦無語。師曰：噫！雪峯道底。

> 雪峯道底：不快漆桶。又云：相見了，住持事繁。

師在婺州智者寺，居第一座，尋常不受淨水。主事嗔曰：上座不識觸淨，為甚麼不受淨水？師跳下牀，提起淨瓶曰：這箇是觸是淨？事無語。師乃撲破。自爾道聲遐播，眾請居明招山開法，四來禪者盈于堂室。

> 不受淨水：不受洗鉢水也。

上堂。全鋒敵勝，罕遇知音。同死同生，萬中無一。尋言逐句，其數河沙。舉古舉今，滅胡種族。向上一路，啐啄猶乖。云々。

> 全鋒敵勝：猶言勝敵全鋒。

問：文殊與維摩對談何事？師曰：葛巾紗帽，已拈向這邊著也。

> 葛巾紗帽：世間尋常畫底，維摩形眼之謂也。

會下有僧去，住菴一年後卻來，禮拜曰：古人道三日不相見，莫作舊時看。師撥開胸曰：汝道我有幾莖蓋膽毛？僧無對。師卻問：汝甚麼時離菴？曰：今朝。師曰：來時折腳鐺子，分付與阿誰？僧又無語。師乃喝出。

> 蓋膽毛：胸間毛也。膽生毛非也（膽ニ生ル毛トイウハ非ナ
> リ）。或云：有氣幹者也。

問：學人拏雲攪浪，上來請師展鉢？師曰：捺破汝頂。曰：也須仙陀去。師便打，趂出。

> 展鉢：火龍外道，降于世尊鉢中。今言學人為龍，請師伏之也。

師說偈曰：鶩刀叢裏逞全威，汝等諸人善護持。火裏鐵牛生犢子，臨岐誰解湊吾機。

> 鶩刀：忽地也。或云：並刀立貌也。刀山劍樹在目前也。

洪州大寧院隱微覺寂章

上堂。還有騰空底麼？出來！眾無出者。師說偈曰：騰空正是時，應須眨上眉。從茲出倫去，莫待白頭兒。

> 白頭兒：兒字，詞字也。言白頭也。莫待老之謂也。

問：如何是龍泉劍？師曰：不匣。曰：便請出匣。師曰：星辰失位。

> 星辰失位：言刀出失光也。

建州白雲令弇章

上堂：遣往先生門，誰云對喪主？珍重！

> 遣往先生門，誰云對喪主：山云：童子求學之處。求學問禮，
> 然後吊葬可也。未明禮對喪主不可也。

僧問：己事未明，以何為驗？師曰：木鏡照素容。曰：驗後如何？師曰：不爭多。

> 木鏡照素容：山云：無分曉。木鏡豈照素容哉。

婺州金柱山義昭章

因事有偈曰：虎頭生角人難措，石火電光須密布。假饒烈士也應難，懵底那能解回互。

> 虎頭生角人難措：言如此人ヲバ不奈何也。
> 石火電光須密布：言石火電光中有密處。
> 假饒烈士也應難：言密處怜悧底不奈何也。
> 懵底那能解回互：山云：懵暗之人也。

灌州靈巖和尚章

僧問：如何是道中寶？師曰：地傾東南，天高西北。曰：學人不會。師曰：落照機前異。

> 落照機前異：言夕陽向機前照也。又云：異，差也。未落已前，
> 已暗云也。

吉州匡山和尚章

《示徒頌》曰：匡山路，匡山路，巖崖嶮峻人難措。遊人擬議隔千山，一句分明超佛祖。《白牛頌》曰：我有古壇真白牛，父子藏來經幾秋。出門直往孤峯頂，回來暫跨虎溪頭。

古壇：指雪山歟？又云：不置尋常地而築壇置之歟？

虎溪：匡山中境致也。

福州興聖重滿禪師：僧問：如何是宗風不墮底句？師曰：老僧不忍。

老僧不忍：言不忍說宗風不墮之句。

福州興聖重滿禪師：問：昔日靈山會裏，今朝興聖筵中，和尚親傳，如何舉唱？師曰：欠汝一問。

欠汝一問：言問不及〔註5〕處也。

玄沙備禪師法嗣

漳州羅漢院桂琛章

沙每因誘迪學者，流出諸三昧，皆命師為助發。

諸三昧：諸法門也。

命師為助發：沙命深說，猶如佛令文殊說也。

上堂：宗門玄妙，為當祇恁麼，也更別有奇特。若別有奇特，汝且舉將來看。若無，去，不可將兩箇字便當卻宗乘也。何者？兩箇字請宗乘、教乘也。汝纔道著宗乘，便是宗乘；道著教乘，便是教乘。禪德，佛法宗乘，元來由汝口裏安立名字，作取說取便是也。斯須向這裏說平說實，說圓說常。禪德，汝喚甚麼作平實，把甚麼作圓常？傍家行腳，理須甄別，莫相埋沒。得些子聲色名字，貯在心頭，道我會解，善能揀辨。汝且會箇甚麼？揀箇甚麼？記持得底是名字，揀辨得底是聲色。若不是聲色名字，汝又作麼生記持揀辨？風吹松樹也是聲，蝦蟇老鴉叫也是聲，何不那裏聽取揀擇去？若那裏有箇意度模樣，祇如老師口裏，又有多少意度與上座？莫錯，即今聲色攙攙地，為當相及不相及？若相及即汝靈性，金剛秘密應有壞滅去也。何以如此？為聲貫破汝耳，色穿破汝眼，因緣即塞卻汝，幻妄走殺汝，聲色體爾不可容也。若不相及，又甚麼處得聲色來？會麼？相及不相及，試裁辨看。少間又道：是圓常平實，甚麼人恁麼道，未是黃夷村裏漢解恁麼說。是他古聖，乖些子相助顯發。今時不識好惡，便安圓實，道我別有宗風玄妙，釋迦佛無舌頭，不如汝些子，便恁麼點胸。若論殺盜婬罪，雖重猶輕，尚有歇時。此箇謗般若，

〔註 5〕及：字漫漶不清。

瞎卻眾生眼，入阿鼻地獄吞鐵丸莫將為等閑。所以古人道：過在化主，不干汝事。珍重！

> 說平說實，說圓說常：先佛乖本分，見機顯發也。
>
> 乖些子相助顯發：言乖示圓常平實之語，以相助發學者也。
>
> 黃夷村裏漢：只言村裏漢耳。一箇村人也。黃夷必村名也。

問：如何是諸聖玄旨？師曰：四楞塌地。

> 四楞塌地：山云：全身放倒。又云：和泥合水也。

福州僊宗院契符清法章

開堂日，僧問：師登寶座，合談何事？師曰：剔聞耳孔著。曰：古人為甚麼卻道非耳目之所到？師曰：金櫻樹上不生梨。

> 金櫻樹上不生梨：源云：金櫻樹，石榴也。山云：種菽不生麻，
> 一般語也。

向上宗乘意若何？師曰：闍黎若問宗乘意，不如靜處薩婆訶。

> 靜處薩婆訶：山云：言可於靜處脩，習也。

問：如何是道中寶？師曰：雲孫淚亦垂。

> 雲孫淚亦垂：孫至四世則，稱雲孫。雲，遠也。淚亦垂，非情也。

福州升山白龍院道希章

問：情忘體合時如何？師曰：別更夢見箇甚麼？

> 情忘體合：識情忘法體合也。

衡嶽南臺誠章

問：離地四指，為甚麼卻有魚紋？師曰：有聖量在。曰：此量為甚麼人施？師曰：不為聖人。

> 離地四指：《事苑》四。《大論》云：佛足行時，去地四指，蓮
> 華捧足。在空者人疑難親附。在地者與常人同，傷物命及污其足，
> 故去地四指。或云：佛是有魚紋也。
>
> 聖量：聖人之分量也。可必定有魚紋也。

天台山雲峯光緒至德章

有僧問：日裏僧馱像，夜裏像馱僧？未審此意如何？師曰：闍黎豈不是從茶堂裏來。

日裏僧馱像，夜裏像馱僧：或云：是汴州釋迦像也。毘首羯磨
之所造也。初智明法師負之來漢地。途中嶮難處，晝即明負像，夜
即像負明，云々。

福州大章山契如菴主

僧問：生死到來，如何回避？師曰：符到奉行。曰：恁麼則被生死拘將
去也。師曰：阿喩喩！

阿喩喩：《傳燈》作阿邪邪。山云：忍痛聲也。

清豁，沖煦二長老嚮師名，未嘗會遇，一旦同訪之。值師採粟，豁問：道
者如菴主在何所？師曰：從甚麼處來？曰：山下來。師曰：因甚麼得到這裏？
曰：這裏是甚麼處所？師揖曰：那不喫茶去。二公方省是師，遂詣菴所，頗味
高論。晤坐於左右，不覺及夜。覩豺虎奔至菴前，自然馴遶。豁因有詩曰：行
不等閑行，誰知去住情。一餐猶未飽，萬戶勿聊生。非道應難伏，空拳莫與
爭。龍吟雲起處，閑嘯兩三聲。

一餐猶未飽：言師一餐而不敢望萬戶安生也。

勿聊生：無活意也。

長慶稜禪師法嗣

泉州招慶院道匡章

一日，慶見，乃曰：爾每日口嘮嘮地作麼？師曰：一日不作，一日不食。
慶曰：與麼則磨弓錯箭去也。師曰：專待尉遲來。慶曰：尉遲來後如何？師
曰：教伊筋骨遍地，眼睛突出。慶便出去。洎慶被召，師繼踵住持。

磨弓錯箭去：用力去也。錯，歷石也，摩也。

問：如何是南泉一線道？師曰：不亂向汝道，恐較中更較去。

較中更較去：山云：遠之又遠也。較一線道中，一線道較之謂。

又云：是非中是非也。或云：恐計較中更計較也。

婺州報恩院寶資曉悟章

如何是吹毛劍？師曰：延平屬劍州。曰：恁麼則喪身失命去也。師曰：
錢塘江裏潮。

延平屬劍州：山云：延平津也。乃雷煥之劍，墮入水中化龍之
處也。

錢塘江裏潮：泳潮如兵戰也。惡戰者，被潮打入而死去也。

問：波騰鼎沸，起必全真，未審古人意如何？師乃叱之曰：恁麼則非次也。

波騰鼎沸，起必全真：《華嚴》文也。言一心動處，乃是正念之謂也。

非次也：言惡時節發問也。又云：猶言某甲罪過。

襄州鷲嶺明遠章

僧問：無一法當前應用無虧時如何？師以手卓火。其僧於此有省。

卓火：源云：以手拈火柴卓之也。卓火手指入火中也。

杭州龍華寺彥球實相得一章

僧問：此座為從天降下，為從地涌出？師曰：是甚麼？曰：此座高廣，如何陞得？師曰：今日幾被汝安頓著。

安頓著：山云：無端被汝安在法座上也。

杭州保安連章

問：如何是吹毛劍？師曰：豫章鐵柱堅。曰：學人不會。師曰：漳江親到來。

豫章鐵柱堅：許旌陽既斬蛟蜃，謂豫濱水之地，百怪叢居。吾上昇之後，或客人鑄鐵柱二。一在子城南廡，以鐵索封鎮蜃穴。

漳江親到來：豫章縣在漳江豫章之界。有鐵柱。

福州報慈院光雲慧覺章

問：承聞超覺有鎖口訣，如何示人？師曰：賴我拄杖不在手。

鎖口訣：或云：鎖斷咽喉之訣也。山云：不用說。佛光禪師有鎖口訣。

廬山開先寺紹宗圓智章

僧問：如何是開先境？師曰：最好是一條界破青山色。

青山色：徐凝瀑布詩，瀑布瀑布千丈直，雷奔入江無暫息，萬古長如白練飛，一條界破青山色。

杭州傾心寺法瑤宗一章

僧問：如何朴實，免見虛頭？師曰：汝問若當，眾人盡鑒。曰：有恁麼

來皆不丈夫，祇如不恁麼來，還有紹繼宗風分也無？師曰：出。兩頭致一問來。曰：甚麼人辨得？師曰：波斯養兒。

> 波斯養兒：方語。不擇處打擲也（道忠寫の方語には，不擇處打擇也と）。或云：無分曉用處也。只知養而不知子德也。

問：承古有言，不斷煩惱？此意如何？師曰：又是發人業。曰：如何得不發業？師曰：你話墮也。

> 不斷煩惱：上生經，阿逸多不脩禪定，不斷煩惱。佛記此人成佛無疑。

杭州靈隱山廣嚴院咸澤章

問：不與萬法為侶者是甚麼人？師曰：城中青史樓，雲外高峯塔。

> 城中青史樓：源云：大唐秘書樓也。

問：如何是佛法大意？師曰：幽澗泉清，高峯月白。

> 高峯月白：此高峯，在天隱寺後。山上有塔記云：唐天寶中邑人建，高七層。

問：如何是廣嚴家風？師曰：師子石前靈水響，雞籠山上白猿啼。

> 師子石前靈水響，雞籠山上白猿啼：師子石，雞籠山，並在靈隱歟？

撫州永安院懷烈淨悟章

問：明明不會，乞師指示？師曰：指示且置，作麼生是你明明底事？曰：學人不會，再乞師指。師曰：八棒十三。

> 患賽作麼：賽記偃反吃也。

> 八棒十三：山云：斷罪十三，只打八下。省數也。

杭州龍華寺契盈廣辯周智禪師和尚章

僧問：如何是龍華境？師曰：翠竹搖風，寒松鎖月。曰：如何是境中人？師曰：切莫唐突。

> 唐突：撞合看也。又云：突出也。又云：福州鄉談，謂左道人也。

太傅王延彬居士和尚章

公到招慶煎茶。朗上座與明招把銚，忽翻茶銚。公問：茶爐下是甚麼？朗曰：捧爐神。公曰：既是捧爐神，為甚麼翻卻茶？朗曰：事官千日，失在一

朝。公拂袖便出。明招曰：朗上座喫卻招慶飯了，卻向外邊打野榟。朗曰：上座作麼生？招曰：非人得其便。

　　　　打野榟：或云：越俗罵人之語也。榟，枯栳。彼地之薪柴，故打野榟為薪。

保福展禪師法嗣

漳州保福可儔章

問：如何是吹毛劍？師曰：瞥落也。曰：還用也無？師曰：莫鬼語。

　　　　瞥落：頭落之謂也。瞥（タチマチニ）。

　　　　鬼語：妖怪之語。

舒州海會院如新章

僧問：從上宗乘，如何舉唱？師曰：轉見孤獨。曰：親切處乞師一言。師曰：不得雪也聽他。

　　　　不得雪也聽他：山云：是事明白也。任他如何也。或云：雪者，說字也。借音也。言說不得之謂也。

泉州萬安院清運資化章

問：如何是萬安家風？師曰：苔羹倉米飯。曰：忽遇上客來將何祇待？師曰：飯後三巡茶。

　　　　苔羹倉米飯：二物皆麤惡之物。苔羹，用海苔為羹也。

泉州鳳凰山從琛洪忍章

問：學人根思遲回，方便門中乞師傍瞥？師曰：傍瞥。

　　　　傍瞥：山云：是假借。言不是真正提持也。或云：傍瞥，只是瞥地。急會去也。傍邊亦能瞥地，那邊亦能瞥地也。

福州永隆院明慧瀛章

問：無為無事人為甚麼卻是金鎖難？師曰：為斷麤纖，貴重難留。曰：為甚麼道無為無事人逍遙實快樂？師曰：為鬧亂且要斷送。

　　　　為斷麤纖，貴重難留：斷麤斷細細者，無為無事處。與貴重詞〔註6〕，言尊貴邊事，猶不留也。或云：麤纖鐵鎖，貴重金鎖。

――――――――――――――

〔註 6〕詞：漫漶不清，疑是。

無為無事人逍遙實快樂：寒山之詩也。

為鬧亂且要斷送：指快樂處為鬧亂故斷送之。斷送，世俗ニク
ラスト云義也。

泉州招慶院省僜淨脩章

初參保福。福一日入大殿覰佛像。乃舉手，問師曰：佛恁麼意作麼生？
師曰：和尚也是橫身。福曰：一橛我自收取。師曰：和尚非唯橫身。福然之。

橫身：舉佛勢問也。言橫身法界，利生之謂也。

後住招慶，開堂陞座，良久乃曰：大眾向後到處遇道伴，作麼生舉似？
他若有人舉得，試對眾舉看。若舉得，免孤負上祖，亦免埋沒後來。古人道：
通心君子，文外相見。還有這箇人麼？況是曹谿門下子孫，合作麼生理論？
合作麼生提唱？

古人道，通心君子，文外相見：文外，言外也。

皷山晏國師法嗣

杭州天竺子儀心印水月章

問：如何是法界義宗？師曰：九月九日浙江潮。問：諸餘即不問，如何
是光福門下超毘盧越釋迦底人？師曰：諸餘奉納。

九月九日浙江潮：或云：曉不得。山云：潮正大也。

諸餘奉納：言諸餘又不可捨。山云：一切分附了。

建州白雲智作真寂章

問：如何是主中主？師曰：汝還具眼麼？曰：恁麼則學人歸堂去也。師
曰：猢猻入布袋。

猢猻入布袋：方語，伎倆盡也。又云：出不得。

福州鼓山智岳了宗章

問：久嚮黃龍，及乎到來，祇見赤斑蛇？龍曰：汝祇見赤斑蛇，且不識
黃龍。師曰：如何是黃龍？龍曰：滔滔地。師曰：忽遇金翅鳥來又作麼生？
龍曰：性命難存。師曰：恁麼則被他吞卻去也。龍曰：謝闍黎供養。師便禮
拜。

滔滔地：有龍，如有滔天之浪也。

龍華照禪師法嗣

台州六通院志球章

問：擁毳玄徒，請師指示？師曰：紅爐不墜鴈門關。曰：如何是紅爐不墜鴈門關？師曰：青霄豈怪眾人攀。曰：還有不知者也無？師曰：有。曰：如何是不知者？師曰：金牓上無名。

> 紅爐不墜鴈門關：或云：紅爐作鴻蘆。首陽山鴈通處，名鴈門也。彼處有鵰取鴈，故銜蘆行也。防鵰之謂也。見《幃書》。

> 金牓上無名：登科謂之金牓挂名。山云：不得及第也。

福州報國院照章

佛塔被雷霹。有問：祖佛塔廟為甚麼卻被雷霹？師曰：通天作用。曰：既是通天作用，為甚麼卻霹佛？師曰：作用何處見有佛？曰：爭奈狼藉何？師曰：見甚麼？

> 通天作用：山云：自作用也。又云：雷之大神力也。

白兆圓禪師法嗣

蘄州三角山志操章

僧問：教法甚多，宗歸一貫？和尚為甚麼說得許多周由者也？師曰：為你周由者也。曰：請和尚即古即今。師以手敲繩牀。

> 周由者也：山云：之乎者也，一般也。

師曰：為你周由者也。曰：請和尚即古即今。師以手敲繩牀。

> 即古即今：亘古亘今也。又云：古今一致也。

黃龍機禪師法嗣

眉州昌福達章

問：石牛水上臥時如何？師曰：異中還有異，妄計不浮沈。曰：便恁麼去時如何？師曰：翅天日落，把土成金。

> 妄計不浮沈：不涉浮沈之謂也。

呂巖真人章

洞賓，京川人也。唐末三舉不第，偶於長安酒肆遇鍾離權，授以延命術，自爾人莫之究。嘗遊廬山歸宗，書鍾樓壁曰：一日清閑自在身，六神和合報

平安。丹田有寶休尋道，對境無心莫問禪。未幾，道經黃龍山，覩紫雲成蓋，疑有異人。乃入謁，值龍擊鼓陞堂。龍見，意必呂公也，欲誘而進。厲聲曰：座傍有竊法者。呂毅然出，問：一粒粟中藏世界，半升鐺內煮山川。且道此意如何？龍指曰：這守屍鬼。呂曰：爭奈囊有長生不死藥？龍曰：饒經八萬劫，終是落空亡。呂薄訝，飛劍脅之，劍不能入。遂再拜，求指歸。龍詰曰：半升鐺內煮山川即不問，如何是一粒粟中藏世界？呂於言下頓契。作偈曰：棄卻瓢囊摵碎琴，如今不戀汞中金。自從一見黃龍後，始覺從前錯用心。龍囑令加護。

呂巖真人：字洞賓。

飛劍脅之，劍不能入：其夕呂公以術飛劍，黃龍一喝時，劍忽落地也。

摵碎琴：擊碎呂所持之琴也。呂公平生好琴，故云。

明招謙禪師法嗣

婺州雙溪保初章

上堂：未透徹，不須呈，十方世界廓然明。孤峯頂上通機照，不用看他北斗星。

孤峯頂上通機照：機照者，機上照用也。

處州涌泉究章

師子未出窟時如何？師曰：抖詬地。曰：出窟後如何？師曰：蓋天蓋地。

抖詬地：山云：嗔怒貌。

羅漢琛禪師法嗣

昇州清涼院休復悟空章

問：毒龍奮迅，萬象同然時如何？師曰：你甚麼處得這箇問頭？

萬象同然：古點未是。以朱改之。恐洞字誤作同也。《心華》。

萬象同然，盡大地皆發動之謂也。

撫州龍濟紹脩章

上堂。具足凡夫法，凡夫不知。具足聖人法，聖人不會。聖人若會，即是凡夫。凡夫若知，即是聖人。此兩語一理二義，若人辨得，不妨於佛法中有箇入處。若辨不得，莫道不疑好。珍重！

此兩語一理二義：言法本一般，然有凡夫聖人而已。

僧問：見色便見心？露柱是色，如何是心？師曰：幸然未會，且莫詐明頭。

　　詐明頭：山云：詐語。俗諺也。

問：纖毫不隔，為甚麼覰之不見？師曰：作家弄影漢。

　　作家弄影漢：或云：揚人字抑之語也。又謾人語也。

師有頌曰：風動心搖樹，雲生性起塵。若明今日事，昧卻本來人。

　　若明今日事，昧卻本來人：言以此明大事，則昧了也。

問：巨夜之中，以何為眼？師曰：暗。

　　巨夜：長夜也。

大龍洪禪師法嗣

興元府普通院從善章

問：佩劍叩松關時如何？師曰：莫亂作。

　　佩劍叩松關：言錯路了也。要作家相見也。佩劍，舉家機鋒也。

　松關者。師家大室也。

僧問：法輪再轉時如何？師曰：助上座喜。曰：合譚何事？師曰：異人掩耳。曰：便恁麼領會時如何？師曰：錯。

　　異人掩耳：言不知音者掩耳去。

白兆楚禪師法嗣

唐州保壽匡祐章

問：如何是為人底一句？師曰：開口入耳。曰：如何理會？師曰：逢人告人。

　　開口入耳：言出言便入耳也。山云：出言弟子入耳也。

清溪進禪師法嗣

相州天平山從漪章

問：大眾雲集，合譚何事？師曰：香煙起處森羅見。

　　香煙起處森羅見（アラワル）：心生則萬法生之謂也。

龍濟修禪師法嗣

河東廣原禪師和尚章

僧問：如何是佛法大意？師曰：聽取一偈：剎剎現形儀，塵塵具覺知。性源常鼓浪，不悟未曾移。

> 性源常鼓浪，不悟未曾移：山云：惹得性源無浪則，此性不移動也。

《五燈會元》卷第九

百丈海禪師法嗣

潭州潙山靈祐章

仰山踏衣次，提起問師曰：正恁麼時，和尚作麼生？師曰：正恁麼時，我這裏無作麼生？仰曰：和尚有身而無用。師良久，卻拈起問曰：汝正恁麼時，作麼生？仰曰：正恁麼時，和尚還見伊否？師曰：汝有用而無身。

> 踏衣：言洗衣之時，以足踏之也。師後忽問仰山，汝春間有話未圓，今試道看。仰曰：正恁麼時，切忌勃訴。

> 勃訴：《事苑》云：勃訴，當作悖揀，悖亂也。揀暗取物也。方言謂摸揀也。

師問雲巖：聞汝久在藥山，是否？巖曰：是。師曰：如何是藥山大人相？巖曰：涅槃後有。師曰：如何是涅槃後有？巖曰：水灑不著。

> 涅槃後有：言大人之相，於涅槃後看也。

師方丈內坐次，仰山入來，師曰：寂子，近日宗門令嗣作麼生？仰曰：大有人疑著此事。師曰：寂子作麼生？仰曰：慧寂祇管困來合眼，健即坐禪，所以未曾說著在。師曰：到這田地也難得。仰曰：據慧寂所見，祇如此一句也著不得。師曰：汝為一人也不得。仰曰：自古聖人盡皆如此。師曰：大有人笑汝恁麼祇對。仰曰：解笑者是慧寂同參。師曰：出頭事作麼生？仰繞禪牀一匝，師曰：裂破古今。

> 宗門令嗣：嗣法者。

潙山祐禪師法嗣

袁州仰山慧寂通智章

師問：如何是真佛住處？潙曰：以思無思之妙，返思靈燄之無窮，思盡還源，性相常住。事理不二，真佛如如。師於言下頓悟。

　　思無思：或云：上思字，思量之思，下思字，思量絕處之思也。

僧問鏡清。仰山插鍬，意旨如何？清云：狗銜赦書，諸侯避道。云：祇如玄沙踏倒，意旨如何？清云：不奈船何，打破戽斗。云：南山刈茅，意旨如何？清云：李靖三兄，久經行陣。

　　狗銜赦書，諸侯避道：源云：天子赦書。正令行時，雖是狗銜
　　走，諸侯大守之臣皆避，當路不敢犯上也。

　　李靖三兄：方語，久經行陣。

袁州潙山問師，忽有人問汝，汝作麼生祇對？師曰：東寺師叔若在，某甲不致寂莫。潙曰：放汝一箇不祇對罪。師曰：生之與殺，潙在一言。潙曰：不負汝見，別有人不肯。師曰：阿誰？潙指露柱曰：這箇。師曰：道甚麼？潙曰：道甚麼？師曰：白鼠推遷，銀臺不變。

　　白鼠推遷，銀臺不變：白鼠推遷，或云：日月也。銀臺不變，
　　道家指身曰銀臺。

師曰：如金與金，終無異色，豈有異名。潙曰：作麼生是無異名底道理？師曰：瓶盤釵釧券盂盆。

　　瓶盤釵釧券盂盆：券，《聯燈》作契。代瓶盤質盂盆。券，契
　　也。質物時作契券也。

　　索喚則有交易，不索喚則無我：山云：索喚，欲買呼索（ヨビ
　　モトム）也。交易，以物相互換也。如錢買物一同。

師曰：索喚則有交易，不索喚則無。我若說禪宗，身邊要一人相伴亦無，豈況有五百七百眾邪？我若東說西說，則爭頭向前采拾。如將空拳誑小兒，都無實處。我今分明向汝說聖邊事，且莫將心湊泊。但向自己性海，如實而修，不要三明六通。何以故？此是聖末邊事，如今且要識心達本。但得其本，不愁其末。他時後日，自具去在。若未得本，縱饒將情學他亦不得。汝豈不見，潙山和尚云：凡聖情盡，體露真常，事理不二，即如如佛。

鄧州香嚴智閑章

泊丈遷化，遂參溈山。山問：我聞汝在百丈先師處，問一答十，問十答
百？此是汝聰明靈利，意解識想，生死根本。父母未生時，試道一句看。師被
一問。直得茫然？歸寮將平日看過底文字，從頭要尋一句酬對，竟不能得，
乃自歎曰：畫餅不可充飢。屢乞溈山說破，山曰：我若說似汝，汝已後罵我
去。我說底是我底，終不干汝事。師遂將平昔所看文字燒卻。曰：此生不學佛
法也，且作箇長行粥飯僧，免役心神。乃泣辭溈山。

> 長行粥飯僧：山云：隨眾也。尋常無事閑人也。又云：隨眾而
> 行人也。

一日，芟除草木，偶拋瓦礫，擊竹作聲，忽然省悟。遽歸沐浴焚香，遙
禮溈山。讚曰：和尚大慈，恩逾父母。當時若為我說破，何有今日之事？乃有
頌曰：一擊忘所知，更不假脩持。動容揚古路，不墮悄然機。處處無蹤跡，聲
色外威儀。

> 不墮悄然機：寂靜意也。又云：悄然，死水裏也。

問：如何是正命食？師以手撮而示之。

> 正命食：飯生〔註7〕家乃應時分。或已分須食，謂之正命食。

若不時食，是雜食也。《維摩經》，以雜念為不正食。

問：如何是無表戒？師曰：待闍黎作俗即說。

> 無表戒：山云：作法受得，謂之表戒。內檢〔註8〕德之無表戒，
> 言相戒也。

問：離四句，絕百非，請和尚道？師曰：獵師前不得說本師戒。

> 獵師前不得說本師戒：源云：佛戒以斷殺，獵師不信則不說也。

《梵網經》云：誦我本師戒十重四十。

杭州徑山洪諲章

僧問：掩息如灰時如何？師曰：猶是時人功幹。曰：幹後如何？師曰：
耕人田不種。曰：畢竟如何？師曰：禾熟不臨場。

> 時人功幹：世人作為之事。山云：此功勳歟？

〔註7〕生：漫漶不清，疑是。
〔註8〕檢：字瞭草不清，疑是。

問：龍門不假風雷勢便透得者如何？師曰：猶是一品二品。曰：此既是階級，向上事如何？師曰：吾不知有汝龍門。

　　一品二品：山云：猶落階級也。或云：一級二級之意也。

許州全明上座先問石霜，一毫穿眾穴時如何？霜曰：直須萬年去。曰：萬年後如何？霜曰：登科任汝登科，拔萃任汝拔萃。後問師曰：一毫穿眾穴時如何？師曰：光靴任汝光靴，結果任汝結果。

　　一毫穿眾穴：一毫者，一絲也。穿九曲之故事歟？未詳。

　　光靴任汝光靴：光靴，光飾也。脩治，完美也。或云：光靴乃
　　莊嚴靴也。

　　結果：成就眾事也。

佛日長老訪師。師問：伏承長老獨化一方，何以薦遊峯頂？曰曰：朗月當空挂，冰霜不自寒。師曰：莫是長老家風也無？曰曰：峭峙萬重關，於中含寶月。師曰：此猶是文言，作麼生是長老家風？曰曰：今日賴遇佛日，卻問隱密全真，時人知有道不得，太省無辜，時人知有道得。於此二途，猶是時人升降處。未審和尚親道自道如何道？師曰：我家道處無可道。曰曰：如來路上無私曲，便請玄音和一塲。師曰：任汝二輪更互照，碧潭雲外不相關。曰曰：為報白頭無限客，此回年少莫歸鄉。師曰：老少同輪無向背，我家玄路勿參差。曰曰：一言定天下，四句為誰宣。師曰：汝言有三四，我道其中一也無。師因有偈曰：東西不相顧，南北與誰留。汝言有三四，我道一也無。光化四年九月二十八日，白眾而化。

　　隱密全真：魔外不能覩之處也。

　　太省無辜：太殺儉得也。無罪事也。

　　二輪：或云：指佛日也。

　　為報白頭無限客，此回年少莫歸鄉：言皆既年老，豈得再少而
　　歸鄉乎？

　　老少同輪無向背，我家玄路勿參差：言老少同赴死路也。同輪
　　之輪，或作倫。

滁州定山神英章

師見首座洗衣，遂問：作甚麼？座提起衣示之。師曰：洗底是甚衣？座曰：關中使鐵錢。師喚維那，移下座挂塔著。

　　關中使鐵錢：淮南亦使此錢。

京兆府米和尚章

僧問：自古上賢，還達真正理也無？師曰：達。曰：祇如真正理作麼生達？師曰：當時霍光賣假銀城與單于，契書是甚麼人做？曰：某甲直得杜口無言。師曰：平地教人作保。

> 霍光賣假銀城與單于：《事苑》第七：霍光，漢人。書傳無賣城易角之說。蓋出於委巷劇談。然禪人往往資以為口實，以亦謬乎？
>
> 抄云：與霍光賣卻假銀城者同。蕭何霍光本傳所不見。世妄相傳作虛說。故今取於無實據之義。

仰山寂禪師法嗣

新羅國五觀山順支了悟章

僧問：如何是西來意？師豎拂子。僧曰：莫這箇便是。師放下拂子。問：以字不成，八字不是，是甚麼字？師作圓相示之。有僧於師前作五華圓相，師畫破作一圓相。

> 五華圓相：山云：畫此✿相。

袁州仰山東塔和尚章

僧問：如何是君王劍？師曰：落纜不采功。曰：用者如何？師曰：不落人手。問：法王與君主相見時如何？師曰：兩手無私。曰：見後如何？師曰：中間絕像。

> 落纜不采功：言解纜之後，不論功也。船上事也。或云：落纜者，爛索也。言爛索無力者也。是以不能立功也。
>
> 兩手無私：叉手而正貌。或云：兩鏡也。

香嚴閑禪師法嗣

吉州止觀和尚章

問：如何是頓？師曰：非梁陳。

> 非梁陳：反語也。梁陳之代，頓滅故也。或云：不付一方用處也。不依梁代，不依陳代也。或云：不涉時代也。不經階級用處也。
>
> 山云：二國名也。言不涉時代也。

安州大安山清幹章

問：如何是祖師西來意？師曰：羊頭車子推明月。

> 羊頭車子推明月：山云：羊頭樣之車子也。不必駕牛馬，人手推之。或載人或載物。休曰：揚州平地之境，用羊頭小車載物，一人推之。車頭似羊首，曉夜行也。又云：作木羊，置轅下，做引車模樣，實人在車後推之。此車多在東京。

西塔穆禪師法嗣

吉州資福如寶章

問：如何是一路涅槃門？師彈指一聲，又展開兩手。曰：如何領會？師曰：不是秋月明，子自橫行八九。

> 不是秋月明，子自橫行八九：言若足暗昏，定是十箇八九迷也。
> 橫行八九，八達九衢也。

南塔涌禪師法嗣

郢州芭蕉山慧清章

不語有問時如何？師曰：未出三門千里程。

> 不語有問：不出言語而有問端也。

問：不問二頭三首，請師直指本來面目？師默然正坐。

> 二頭三首：言已涉多事之義也。

越州清化全忿章

僧問：如何是和尚急切為人處？師曰：朝看東南，暮看西北。曰：不會。師曰：徒誇東陽客，不識西陽珍。

> 朝看東南，暮看西北：常語，探伺時時兩法也。
> 徒誇東陽客，不識西陽珍：東陽、西陽，山云：兩處地名。源
> 　云：徒誇東陽人，不識西陽好事也。

僧問：如何是佛法大意？師曰：華表柱頭木鶴飛。問：路逢達道人，不將語默對，未審將甚麼對？師曰：眼裏瞳人吹叫子。

> 華表柱頭木鶴飛：遼東白鶴故事也。也人以木肖之，以置於柱上。
> 吹叫子：山云：以小物於口中吹作聲也。或云：叫子者角笛也。

問：和尚年多少？師曰：始見去年九月九，如今又見秋葉黃。曰：恁麼則無數也。師曰：問取黃葉。曰：畢竟事如何？師曰：六隻骰子滿盆紅。

> 六隻骰子滿盆紅：山云：骰子六隻在盆中擲之，得紅點多者則
> 勝，勝則為得采得頭。

韶州黃連山義初明微章

僧問：三乘十二分教即不問，請師開口不答話？師曰：寶華臺上定古今。曰，如何是寶華臺上定古今？師曰：一點墨子，輪流不移。曰：學人全體不會，請師指示。師曰：靈覺雖轉，空華不墜。

> 一點墨子，輪流不移：言不移墨子也。又云：終日遷變，未曾
> 遷變也。又云：有一物黑似漆，曾未遷變也。

僧問：人王與法王相見時如何？師曰：兩鏡相照，萬象歷然。曰：法王必要，達磨西來，五祖付與曹谿，自此不傳衣鉢。未審碧玉階前，將何付囑。師曰：石羊水上行，木馬夜翻駒。

> 木馬夜翻駒：木馬，夜，駒ヲ翻ヘス，先達點如此，恐未是。
> 毛詩，老馬反為駒（老馬反ッテ駒ト為ル）云々。

韶州慧林鴻究妙濟章

問：如何是和尚家風？師曰：諸方大例。

> 諸方大例：言與諸方一般。

問：定慧等學，明見佛性，此理如何？師曰：新脩梵宇。

> 新脩梵宇：截斷問處而答也。

吉州福壽和尚章

僧問：祖意教意，是同是別？師展手。問：文殊騎師子，普賢騎象王，未審釋迦騎甚麼？師舉手云：哪！哪！

> 哪哪：《傳燈》作邪邪。山云：應機之語耳，無有義理也。或云：
> 低聲之意也。

資福寶禪師法嗣

潭州鹿苑和尚章

問：如何是鹿苑一路？師曰：吉獠舌頭問將來。

吉獠:《事苑》第一,下音料。北人方語。合音為字。吉獠言徹
戻……又或以多言為吉獠者。嶺南有鳥似鸚鵡。籠養久則解言。南
人謂之吉獠。開元初,廣州獻之。雲門居嶺南,恐用此意。又云:
多口義也。吉獠舌頭三千里者,縱是說得猶隔三千里也。

芭蕉清禪師法嗣

洪州幽谷山法滿章

僧問:如何是道?師良久曰:會麼?曰:學人不會。師曰:聽取一偈,話
道語下無聲,舉揚奧旨丁寧。禪要如今會取,不須退後消停。

退後消停:退字《傳燈》作別。消停,山云:止息之意。又云:
消散停留二法也。因〔註9〕沈吟思繹也。或云:擬議也。

彭州承天院辭碓章

僧問:學人有一隻箭,射即是,不射即是?師曰:作麼生是闍黎箭?僧
便喝。師曰:這箇是草箭子。曰:如何是和尚箭?師曰:禁忌須屈指,禱祈便
扣牙。

禁忌須屈指,禱祈便扣牙(禁忌ニハ須ラク指ヲ屈スベシ,禱
祈ニハ便チ牙ヲ扣ク):以指數而計之,是何時得算數也?至禁忌
日,須折臂字端拱謹揖。扣牙,禮拜恭敬而扣牙祈禱也。共是道家
者之作為也。

開堂日示眾,正令提綱,猶是捏窠造偽。佛法祇對,特地謾驀上流。問
著即參差,答著即交互,大德擬向甚麼處下口?然則如是事,無一向權柄在
手,縱奪臨機,有疑請問。

造偽:言造作虛偽也。

謾驀上流:言驀過跨上也。

興元府牛頭山清章

僧問:如何是古佛心?師曰:東海浮漚。曰:如何領會?師曰:秤鎚落
井。問:不居凡聖是甚麼人?師曰:梁朝傅大士。曰:此理如何?師曰:楚國
孟嘗君。

楚國孟嘗君:孟嘗元齊相,今曰楚,反語也。

〔註9〕因:字潦草難辨。

《五燈會元》卷第十

羅漢琛禪師法嗣

金陵青涼院文益章

僧問：洪鐘纔擊，大眾雲臻，請師如是？師曰：大眾會，何似汝會？

> 請師如是：言須說如是我聞。請說說法之謂也。

問：雲開見日時如何？師曰：謾語真箇。

> 謾語真箇：猶言真箇謾語。

問：旋簸簸上來，師意如何？師曰：是眼不是眼。

> 是眼不是眼：具眼不具眼之謂也。

問：承教有言，從無住本立一切法？如何是無住本？師曰：形興未質，名起未名。

> 形興未質，名起未名：寶藏論廣照宜有品。

上堂曰：出家人但隨時及節，便得寒即寒，熱即熱。欲知佛性義，當觀時節因緣，古今方便不少。不見石頭和尚因看《肇論》云：會萬物為己者，其唯聖人乎？他家便道，聖人無己，靡所不己。有一片言語喚作參同契，末上云：竺土大僊心，無過此語也。中間也祇隨時說話。

> 末上：最初也。

問：如何得諸法無當去？師曰：甚麼法當著上座？曰：爭奈日夕何？師曰：閑言語。

> 日夕：指，朝暮觸目事。

清涼益禪師法嗣

天台山德韶國師

又問疎山，百匝千重，是何人境界？山曰：左搓芒繩縛鬼子。師曰：不落古今，請師說。曰：不說。師曰：為甚麼不說？曰：箇中不辨有無。師曰：師今善說。山駭之。

> 左搓芒繩縛鬼子：山云：用左手打繩要縛鬼子。此道家之術也。

時忠懿王為王子，時刺台州，嚮師之名，延請問道。師謂曰：他日為霸主，無忘佛恩。漢乾祐元年戊申，王嗣國位，遣使迎之，伸弟子之禮。

吳越忠懿王：以國子刺台州，雅聞師名，嘗遣使迎之，伸弟子
之禮。王一夕夢，被人斷頸。驚疑不釋，遂決於韶。韶曰：非常夢
也。主字去卻一點。不久為王矣。王云：若果符此，無忘佛恩。

　　僧問：乍離凝峰丈室，來坐般若道塲？今日家風，請師一句。師曰：虧
汝甚麼處？曰：恁麼則雷音震動乾坤界，人人無不盡露恩。師曰：幸然未會，
且莫探頭。僧禮拜，師曰：探頭即不中。諸上座相共證明，令法久住，國土安
寧。珍重！

　　探頭：山云：探水一般也。言來探覷你深淺好惡也。探頭太過
者，探覷過分外也。

　　乃曰：三世諸佛，一時證明上座，上座且作麼生會？若會時不遷，無絲
毫可得移易，何以故？為過去、未來，見在三際是上座，上座且非三際，澤霖
大海，滴滴皆滿。一塵空性，法界全收。珍重！

　　澤霖大海，滴滴皆滿：乃一雨是大海之謂也。言一滴之中具大
海也。

　　問：一人執炬自爇其身，一人抱冰橫屍於路。此二人阿誰辨道？師曰：
不遺者。曰：不會，乞師指示。師曰：你名敬新。曰：未審還有人證明也無？
師曰：有。曰：甚麼人證明？師曰：敬新。

　　不遺者：言喪全身不遺餘者，如是道也。

　　問：古者道：敲打虛空鳴轂轂，石人木人齊應諾。六月降雪落紛紛，此
是如來大圓覺。如何是敲打虛空底？師曰：崑崙奴著鐵袴，打一棒行一步。
曰：恁麼則石人木人齊應諾也。師曰：你還聞麼？乃曰：諸佛法門，時常如
是。譬如大海，千波萬浪，未嘗暫住，未嘗暫有，未嘗暫無，浩浩地光明自
在。宗三世於毛端，圓古今於一念。應須徹底明達始得。不是問一則語，記一
轉話，巧作道理。風雲水月，四六八對，便當佛法，莫自賺。諸上座究竟無
益，若徹底會去，實無可隱藏。無剎不彰，無塵不現。直下凡夫，位齊諸佛。
不用纖毫氣力，一時會取好。無事，珍重！

　　崑崙奴著鐵袴，打一棒行一步：山云：此乃俗間，木匠鑿子之
諺語也。

　　四六八對：山云：四字一對也。八對者八句之詩。

　　又道我所化作。今汝諸人試說箇道理看。是如來禪、祖師禪還定得麼？

汝等雖是晚生，須知僥忝我國主，凡所勝地建一道場，所須不闕，祇要汝開
口，如今不知阿那箇是汝口，爭答效他四恩三有。

僥忝：山云：過分也。本不當在高位而僥倖，叨忝在上也。或
云：無道德乃僥也。承天子恩乃忝也。

廬山歸宗義柔章

開堂陞座，維那白槌曰：法筵龍象眾，當觀第一義。師曰：若是第一義，
且作麼生觀？恁麼道，落在甚麼處？為復是觀，為復不許人觀？先德上座，
共相證明。後學初心，莫喚作返問語，倒靠語。有疑請問。

倒靠語：迫人語。莫喚作倒靠語。

僧問：如何是空王廟？師曰：莫少神。曰：如何是廟中人？師曰：適來
不謾道。

莫少神：膽少也。又云：莫少精神，不伶利也。

洪州百丈道恒章

上座要會心空麼？但且識心，便見心空。所以道，過去已過去，未來更莫
算。兀然無事坐，何曾有人喚？設有人喚，上座應他好，不應他好。若應他，
阿誰喚上座。若不應他，又不患聾也。三世體空，且不是木頭也。所以古人道：
心空得見法王。還見法王麼？也祇是老病僧。又莫道渠自伐好。珍重！〔註10〕

三世體空，且不是木頭也：言雖云空，不與木頭同也。

老病僧：言法王者，本是老病僧也。

問：如何是佛？師曰：汝有多少事不問。

汝有多少事不問：雖有多少可問之事而，不問之老問佛也。

金陵報慈行言玄覺導師

上堂：凡行腳人參善知識，到一叢林，放下瓶鉢，可謂行菩薩道能事畢
矣。何用更來這裏？舉論真如涅槃，此是非時之說。

此是非時之說：言非時之說，不應時機之語。

上堂：此日英賢共會，海眾同臻。諒惟佛法之趣，無不備矣。若是英鑒
之者，不須待言也。然言之本無，何以默矣？是以森羅萬象，諸佛洪源。顯明
則海印光澄，冥昧則情迷自惑。

〔註10〕拔萃未抄原文，此補上。

然言之本無，何以默矣：言句等雖有非有，然則何必默哉。

南康軍雲居山清錫章

有廖天使入院，見供養法眼和尚真，乃問曰：真前是甚麼果子？師曰：假果子。天使曰：既是假果子，為甚麼將供養真？師曰：也祇要天使識假。

假果子：山云：木頭做，裝點青黃。常住用也。

又道：一一法，一一宗，眾多法一法宗。又道：起唯法起，滅唯法滅。又道：起得不言我起，滅時不言我滅。

一一法，一一宗，眾多法一法宗：森羅萬象皆一法也。眾多法
從一法而出生也。

漳州羅漢智依宣法章

師與彥端長老喫餅餤。端曰：百種千般，其體不二。師曰：作麼生是不二體？端拈起餅餤，師曰：祇守百種千般。端曰：也是和尚見處。師曰：汝也是羅公詠梳頭樣。

餅餤：或云：以小麥粉做。如餛飩也。

羅公詠梳頭樣：源云：羅公，老人也。詠梳頭詩。方語，羅公
照鏡，注，老不知羞。山云：曉不得。

金陵報慈文遂導師

問：如何是吹毛劍？師曰：斡麵杖。

斡麵杖：燈云：掛麵之竿也。或云：打麵杖也。

問僧：從甚麼處來？曰：曹山來。師曰：幾程到此？曰：七程。師曰：行卻許多山林谿澗，何者是汝自己？曰：總是。師曰：眾生顛倒，認物為己。曰：如何是學人自己？師曰：總是。乃曰：諸上座，各在此經冬過夏，還有人悟自己也無？山僧與汝證明，令汝真見不被邪魔所惑。問：如何是學人自己？師曰：好箇師僧，眼目甚分明。

七程：一程者，三十里也。

漳州羅漢院守仁章

問：不昧緣塵，請師一接？師曰：喚甚麼作緣塵？曰：若不伸問：焉息疑情？師曰：若不是今日，便作官方。

官方：山云：乃是於公界處告訴也。又云：官方乃論訴事也。

撫州黃山良匡章

問：如何是一路涅槃門？師曰：汝問宗乘中一句，豈不是？曰：恁麼則不哆哆。師曰：莫哆哆好。

> 哆哆：張口也。語聲也。

問：眾星攢月時如何？師曰：喚甚麼作月？曰：莫祇這箇便是也無？師曰：這箇是甚麼？

> 攢月：圍遶貌也。

金陵報恩院玄則禪師和尚章

開堂日，李王與法眼俱在會，僧問：龍吟霧起，虎嘯風生。學人知是出世邊事，到此為甚麼不會？師曰：會取好。僧舉頭看師，又看法眼，乃抽身入眾。法眼與李王當時失色。眼歸方丈，令侍者喚問話僧至。眼曰：上座適來問底話，許你具眼。人天眾前，何不禮拜蓋覆卻？眼搣一坐具，其僧三日後吐光而終。

> 吐光而終：吐血而死也。紅光也。

廬山歸宗策真法施章

上堂：諸上座，見聞覺知，師可一度。祇如會了是見聞覺知，不是見聞覺知。要會麼？與諸上座說破了也。待汝悟始得。久立珍重！

> 可一度：度，法度也。見聞覺知，一致之謂也。

問：古人以不離見聞為宗，未審和尚以何為宗？師曰：此問甚好。曰：猶是三緣四緣。師曰：莫亂道。

> 猶是三緣四緣：山云：三緣者，父母和合又加一物，而有此身也。四緣者，地水火風也。《涅槃經》云：三事和合得受此身，一父二母三中陰。

洪州觀音院從顯章

乃曰：盧行者當時大庾嶺頭謂明上座言，莫思善，莫思惡，還我明上座本來面目來。觀音今日不恁麼道，還我明上座來恁麼道，是曹溪子孫也無？若是曹溪子孫，又爭除卻四字。若不是，又過在甚麼處？試出來商量看。良久曰：此一眾真行腳人也。便下座。

> 除卻四字：山云：本來面目之四字也。

天台韶國師法嗣

杭州慧日永明延壽智覺章

時吳越文穆王知師慕道，乃從其志，遂禮翠巖為師，執勞供眾，都忘身宰。衣不繒紈，食無重味。野蔬布襦，以遣朝夕。

> 執勞供眾，都忘身宰：身宰者，自身之主宰。主人翁之說也。

師居永明十五載，度弟子一千七百人。開寶七年入天台山度戒約萬餘人。常與七眾授菩薩戒，夜施鬼神食，朝放諸生類，不可稱算。

> 度戒：授戒之義也。

福州廣平院守威宗一章

僧問：洪鐘韻絕，大眾臨筵，祖意西來，請師提唱？師曰：洪鐘韻絕，大眾臨筵。

> 洪鐘韻絕，大眾臨筵：上古，上堂時鳴鐘，今時打鼓。

問：古人云：任汝千聖見，我有天真佛？如何是天真佛？師曰：千聖是弟。

> 千聖是弟：是弟，弟子之意也。

上堂。不用開經作梵，不用展鈔牒科，還有理論處也無？設有理論處，亦是方便之談。宗乘事合作麼生？

> 作梵：開經時作梵唄也。

> 展鈔牒科：山云：講經之人。其疏鈔，牒其科文也。

杭州龍冊寺曉榮章

問：如何是般若大神珠？師曰：般若大神珠，分形萬億軀。塵塵彰妙體，剎剎盡毘盧。

> 般若大神珠：喚般若作大神珠也。

越州稱心敬璡章

僧問：結束囊裝，請師分付？師曰：莫諱卻。曰：甚麼處孤負和尚？師曰：卻是汝孤負我。

> 結束囊裝：《戰國策》注云：裝行具也。山云：裝束衣裳也。

福州嚴峰師朮章

僧問：靈山一會，迦葉親聞，嚴峰一會，誰是聞者？師曰：問者不弱。

> 問者不弱：汝能聞得之謂也。

杭州開化寺行明傳法章

問：如何是無盡燈？師曰：謝闍黎照燭。

> 無盡燈：《維摩經》曰：隨處說法而。自增益一切善法，是名無
> 盡燈。

溫州瑞鹿寺本先章

師曰：若是求出三界脩行底人，聞這箇言語，不妨狐疑，不妨驚怕。〔註11〕

> 求出三界脩行底人：二乘等也。

南泉遷化向甚處去？東家作驢，西家作馬。或有會云：千變萬化，不出
真常……或有會云：東家郎君子，西家郎君子。

> 郎君子：貴人之謂也。

或有會云：東家作驢，西家作馬，虧南泉甚處？如是諸家會也，總於佛
法有安樂處。〔註12〕

> 總於佛法有安樂處：此語有褒貶二意也。言各執己見，以為窟
> 宅。故曰有安樂處也。言一一下語皆不好也。有安樂處者，揚人而
> 抑之也。或云：鬼窟裏活計之謂也。

若也不會，大家用心商量教會去。幸在其中，莫令厭學。無事且退。

> 莫令厭學：互相參問之謂也。

歸宗柔禪師法嗣

明州天童清簡章

錢塘張氏子。師為事孤潔，時謂之簡浙客。

> 浙客：浙僧瀟洒，瀟洒故，今稱為浙客也。

報恩安禪師法嗣

廬山歸宗慧誠章

何以故？祇為諸人各有本分事，圓滿十方，亘古亘今，乃至諸佛也不敢
錯悞諸人，便謂之頂族，祇是助發上座。

> 頂族：山云：向上事也。

〔註11〕原文拔萃未抄，此補上。
〔註12〕原文拔萃未抄，此補上。

長安規禪師法嗣

潭州雲蓋用清章

問：如何是雲蓋境？師曰：門外三泉井。曰：如何是境中人？師曰：童行仔子。

> 童行仔子：小行者也。

師曰：勞煩大眾。師常節飲食，隨眾二時，但展鉢而已。或逾年月，亦不調練服餌，無妨作務。有請必開，即便飽食而亡拘執。

> 不調練服餌：言不服藥也。

淨土素禪師法嗣

杭州淨土院惟正章

幼從錢塘資聖院本如隸業，且將較藝於有司。如使禱觀音像，以求陰相。

> 陰相：冥助也。

靈隱勝禪師法嗣

常州薦福院歸則章

僧問：如何是祖師西來意？師曰：耳畔打鐘聲。

> 耳畔打鐘聲：言多少分曉。

瑞巖海禪師法嗣

明州翠巖嗣元章

僧問：如何是祖師西來意？師曰：見錢買賣不曾賒。曰：向上更有事也無？師曰：好不信人直。

> 好不信人直：言人心甚直，汝不信。

《五燈拔萃》卷六

臨濟宗
曹洞宗
雲門宗

《五燈會元》卷第十一

黃檗運禪師法嗣

臨濟義玄章

若是過量人，向未舉已前，撩起便行，猶較些子。

> 撩：取也，理也。攏也。攏理也。取物為撩也。

臨濟玄禪師法嗣

虎谿庵主

僧問：庵主在這裏多少年也？師曰：祇見冬凋夏長，年代總不記得。曰：大好不記得。師曰：汝道我在這裏得多少年也？曰：冬凋夏長，嚄！師曰：鬧市裏虎。

> 鬧市裏虎：方語，何曾見。

興化獎禪師法嗣

汝州南院慧顒章

思明和尚未住西院時，到參禮拜了，曰：無可人事，從許州來，收得江西剃刀一柄，獻和尚。師曰：汝從許州來，為甚卻收得江西剃刀？明把師手掐一掐。師曰：侍者收取。明以衣袖拂一拂便行。師曰：阿剌剌，阿剌剌！

> 阿剌剌：山云：急切之詞也。

問：上上根器人來，師還接也無？師曰：接。曰：便請和尚接。師曰：且喜共你平交。

> 且喜共你平交：平交者，兩人無勝無負也。

寶壽沼禪師法嗣

汝州西院思明章

僧問：如何是伽藍？師曰：荊棘叢林。曰：如何是伽藍中人？師曰：獾兒貉子。

> 獾兒貉子：獾，牡猪也。貉，狐貉也。

灌谿閑禪師法嗣

池州魯祖山教章

問：如何是格外事？師曰：化道緣終後，虛空更那邊。問：進向無門時如何？師曰：太鈍生。曰：不是鈍生，直下進向無門時如何？師曰：靈機未曾論邊際，執法無門在暗中。

> 靈機未曾論邊際，執法無門在暗中：若執無邊際處，即在暗中。
>
> 門，《傳燈》作邊。

南院顒禪師法嗣

汝州風穴延沼章

清曰：適來言從東來，豈不是翠巖來。師曰：雪竇親棲寶蓋東。清曰：不逐忘羊狂解息，卻來這裏念篇章。師曰：路逢劍客須呈劍，不是詩人莫獻詩。清曰：詩速祕卻，略借劍看。師曰：梟首甌人攜劍去。

> 梟首甌人攜劍去：梟，音澆，斷首倒懸也。

首山念禪師法嗣

潭州神鼎洪諲章

一僧舉論宗乘，頗敏捷。會野飯山店中，供辦而僧論說不已。師曰：三界唯心，萬法唯識。唯識唯心，眼聲耳色，是甚麼人語？僧曰：法眼語。師曰：其義如何？曰：唯心故根境不相到，唯識故聲色撓然。師曰：舌味是根境否？曰：是師以箸筴菜置口中，含胡而語曰：何謂相入邪？坐者駭然，僧不能答。

> 何謂相入邪：言根境若互融，因何此菜不得入喉，而滯留口中
>
> 耶，責之也？相即相入。華山有之也。相入者，融通之義也。

師曰：途路之樂，終未到家。見解入微，不名見道。參須實參，悟須實悟。閻羅大王，不怕多語。僧拱而退。

> 見解入微：賊見解者也。

問：持地菩薩脩路等佛，和尚脩橋等何人？師曰：近後。

> 近後：言看取後日也。近，近日也。

隨州智門迴罕章

為北塔僧使點茶次，師起揖曰：僧使近上坐。使曰：鷂子頭上爭敢安巢？

師曰：捧上不成龍。隨後打一坐具。使茶罷，起曰：適來卻成觸忤和尚。師曰：江南杜禪客，覓甚麼第二盌？

> 杜禪客：村僧之謂也。

《五燈會元》卷第十二

汾陽昭禪師法嗣

潭州石霜楚圓慈明章

曰：如何是境中人？師曰：隨流人不顧，斫手望扶桑。

> 斫手望扶桑：斫手，同斫額。

問：夜靜獨行時如何？師曰：三把茆。

> 三把茆：夜行只用三把茆。言燭之義也。

問：一得永得時如何？師曰：抱石投河。

> 抱石投河：究淵源也。

師哭之慟，臨壙而別。有旨賜官舟南歸。中途謂侍者曰：我忽得風痺疾。視之口吻已喎斜，侍者以足頓地曰：當奈何？平生呵佛罵祖，今乃爾。師曰：無憂，為汝正之。以手整之如故。曰：而今而後，不鈍置汝。〔註1〕

> 以足頓地：重重蹈地而有悵悵之意〔註2〕也。

滁州琅邪山慧覺廣照章

上堂：拈起拄杖，更無上上。放下拄杖，是何模樣？髑髏峰後即不問汝諸人，馬鐙裏藏身一句作麼生道？若道不得，拄杖子道去也。卓一下。便歸方丈。

> 馬鐙裏藏身：此處藏身如何？

瑞州大愚山守芝章

問：不落三寸時如何？師曰：乾三長，坤六短。曰：意旨如何？師曰：切忌地盈虛。

> 切忌地盈虛：不可計較。又云：無此理。

師乃豎起拂子曰：這箇是印，那箇是光。這箇是光，那箇是印。掣電之

〔註1〕原文拔萃未抄，此補上。
〔註2〕意：原作「童」，疑為「意」之訛。

機，徒勞佇思。會麼？老僧設夢，且道夢見箇甚麼？南柯十更。若不會，聽取一頌，北斗挂須彌，杖頭挑日月。林泉好商量，夏末秋風切。珍重。

　　　南柯十更：言正在夢中也。一夜分十更。夢中已天曉。

　　上堂：大愚相接大雄孫，五湖雲水競頭奔。競頭奔，有何門，擊箭寧知枯木存？枯木存，一年還曾兩度春。兩度春，帳裏真珠撒與人。撒與人，思量也是慕西秦。

　　　有何門擊箭：擊箭，或云：門之旁木也。現成公案也。是打揲
　　不辨。

舒州法華院全舉章

　　上堂：三世諸佛口挂壁上。天下老和尚作麼生措手？你諸人到諸方作麼生舉？山僧恁麼道，也是久日樺來唇，喝一喝。

　　　也是久日樺來唇：方語，開口合不得。

葉縣省禪師法嗣

舒州浮山法遠圓鑑章

　　歐陽文忠公聞師奇逸，造其室，未有以異之。與客碁，師坐其旁。文忠遽收局，請因碁說法。師即令撾鼓陞座，曰：若論此事，如兩家著碁相似，何謂也？敵手知音，當機不讓。若是綴五饒三，又通一路，始得有一般底。祇解閉門作活，不會奪角衝關，硬節與虎口齊彰，局破後徒勞綽幹。所以道，肥邊易得，瘦肚難求。思行則往往失粘，心麤而時時頭撞。休誇國手，謾說神仙。贏局輸籌即不問，且道黑白未分時，一著落在甚麼處？良久曰：從來十九路，迷悟幾多人。文忠嘉歎，從容謂同僚曰：脩初疑禪語為虛誕，今日見此老機緣，所得所造，非悟明於心地，安能有此妙旨哉？

　　　贏局輸籌：凡碁勝而路多，名曰贏局，又云：敗而無路曰輸籌。
　　事林廣記云：夫奕碁，凡下一子，皆有定名。碁之形勢死生存亡，
　　　因名而可見有衡，有幹有綽〔註3〕，有約有粘，云々，凡有三十二
　　　名。

　　　綴五：可考此處字咸〔註4〕。

〔註3〕綽：字漫糊不清。
〔註4〕咸：字跡清楚，疑有誤。

谷隱聰禪師法嗣

潤州金山曇穎達觀章

問：如何是和尚家風？師曰：伸手不見掌。

> 伸手不見掌：眼目不明也。

上堂：諸方鉤又曲餌又香，奔湊猶如蜂抱王。因聖這裏，鉤又直餌又無，猶如水底捺葫蘆。舉拄杖作釣魚勢，曰：深水取魚長信命，不曾將酒祭江神。擲拄杖，下座。

> 奔湊猶如蜂抱王：抱，マツル。蜜蜂一桶則有一王，眾蜂皆從
> 之。言如人奔聚一方，似蜂從抱於蜂王。或云：成群成隊用處也。
>
> 水底捺葫蘆：言轉轆轆地之用處也。
>
> 長信命：負命者上鉤來，又有無隨時耳。

唐州大乘山德遵章

問谷隱曰：古人索火，意旨如何？曰：任他滅。師曰：滅後如何？曰：初三十一。師曰：恁麼則好時節也。曰：汝見甚麼道理？師曰：今日一塲困。隱便打。師乃有頌曰：索火之機實快哉，藏鋒妙用少人猜。要會我師親的旨，紅爐火盡不添柴。

> 初三十一：初三十一中九下七。好日名目也。三日，十一日，
> 十九日，二十七日，一月中好日也。

荊南府竹園法顯章

僧問：如何是佛？師曰：好手畫不成。問：如何是道？師曰：交橫十字。曰：如何是道中人？師曰：往往不相識。

> 交橫十字：十橫十字，同意也。

廣慧璉禪師法嗣

文公楊億居士章

及由祕書監出守汝州，首謁廣慧。慧接見，公便問：布鼓當軒擊，誰是知音者？慧曰：來風深辨。公曰：恁麼則禪客相逢祇彈指也。慧曰：君子可八。公應喏喏。慧曰：草賊大敗。

> 君子可八：方語，曉得底便知。

又一日，問曰：某四大將欲離散，大師如何相救？環乃槌胸三下。公曰：

賴遇作家。環曰：幾年學佛法，俗氣猶未除。公曰：禍不單行。環作噓噓聲。
公書偈遺李都尉曰：漚生與麼滅，二法本來齊。欲識真歸處，趙州東院西。尉
見遂曰：泰山廟裏賣紙錢。尉即至，公已逝矣。

> 泰山廟裏賣紙錢：方語，鬼也不要。

石霜圓禪師法嗣

洪州翠巖可真章

問：如何是學人轉身處？師曰：一堵牆百堵調。曰：如何是學人著力處？
師曰：千日斫柴一日燒。曰：如何是學人親切處？師曰：渾家送上渡頭船。

> 一堵牆百堵調：佛源云：五枚為一堵。能作一堵牆者作百堵牆。
> 調者，調曲也。故能成一堵調，以為百堵調。私云：言因最初一堵
> 手段百堵亦如是。

> 渾家送上渡頭船：鄭谷句也。

潭州道吾悟真章

問：凝然便會時如何？師曰：老鼠尾上帶研槌。

> 老鼠尾上帶研槌：方語云：去不得，無用處，大頭在後。

問僧：甚處來？曰：堂中來。師曰：聖僧道甚麼？僧近前不審。師曰：東
家作驢，西家作馬。曰：過在甚麼處？師曰：萬里崖州。

> 萬里崖州：方語，遠而遠矣。

洪州百丈惟政章

上堂：巖頭和尚用三文錢索得簡妻，祇解撈鰕擂蜆，要且不解生男育女，
直至如今，門風斷絕。大眾要識蠢公妻麼？百丈今日不惜唇吻，與你諸人注
破，蓬鬢荊釵世所稀，布裙猶是嫁時衣。

> 巖頭和尚用三文錢索得簡妻：《聯燈》會要卷廿一《巖頭章》：
> 有僧辭師問：甚麼處去？云：入嶺禮拜雪峰去。師云：雪峯若問巖
> 頭如何？但向他道，近日在湖邊住，只將三文，買簡撈波子，撈鰕
> 擂蜆。且恁麼過時。僧到雪峰。峯問：甚處來？云：巖頭來。峯云：
> 有何言句？僧舉前話。峯云：窮鬼子，得與麼快活。

> 布裙猶是嫁時衣：平生與嫁時衣用換之也。此不用換也。

問：一切法是佛法，意旨如何？師曰：一重山下一重人。問：上行下教，

未是作家。背楚投吳，方為達士。豈不是和尚語？師曰：是。曰：父財子用也。師曰：汝試用看。僧擬議，師便打。

> 一重山下一重人：山下一重人村也。

> 上行下教：上，行へバ，下，教（マナ）ブ。

> 背楚投吳，方為達士：山云：伍子胥之事。因弄楚而走吳，力報其父之讎。

琅邪覺禪師法嗣

越州姜山方章

僧問：如何是不動尊？師曰：單著布衫穿市過。曰：學人未曉。師曰：騎驢踏破洞庭波。曰：透過三級浪，專聽一聲雷。師曰：伸手不見掌。曰：還許學人進向也無？師曰：踏地告虛空。曰：雷門之下，布鼓難鳴。師曰：八華毬子上，用繡紅旗。曰：三十年後，此話大行。師便打。

> 踏地告虛空：曾無法可說也。卻向暗訴也。言徒事也。

問：如何是一塵入正受？師曰：蛇銜老鼠尾。

> 蛇銜老鼠尾：性命在蛇口中也。

問：諸佛未出世時如何？師曰：不識酒望子。曰：出世後如何？師曰：釣魚船上贈三椎。

> 酒望子：大休云：以絹布作牌。言好酒令人望見之。

> 酒望子：賣家之家門前有帘，號自稱揚好酒也。

> 贈三椎：謝三郎，詑作此也。或云：元是謝三郎，將錯就錯，
> 故作此言。休云：釣魚船上，用木棹鳴打驚魚也。

問：如何是佛？師曰：留髭表丈夫。問：奔流度刄〔註5〕，疾燄過風，未審姜山門下還許借借也無？師曰：天寒日短夜更長。曰：錦帳繡鴛鴦，行人難得見。師曰：髑髏裏面氣衝天。僧召和尚，師曰：鷄頭鳳尾。

> 髑髏裏面氣衝天：髑髏之裏，有衝天氣也。

> 鷄頭鳳尾：龍頭蛇尾之義也。

上堂：穿雲不渡水，渡水不穿雲。乾坤把定不把定，虛空放行不放行。橫三豎四，乍離乍合，將長補短即不問，汝諸人，飯是米做一句，要且難道？良久曰：私事不得官酬。

〔註5〕刄：同「刃」。

穿雲不渡水，渡水不穿雲：義理同心也。魚不飛天，鳥不棲水
義也。言擔板漢也。守一邊不見那一邊義也。穿雲者，山也。

飯是米做一句：端的自本無多子。直於平平處有通消息義也。

秀州長水子璿講師

值上堂次，出問：清淨本然，云何忽生山河大地？琅邪憑陵答曰：清淨
本然，云何忽生山河大地？師領悟。

憑陵：用怒廓〔註6〕之氣，答了也。

大愚芝禪師法嗣

南嶽雲峰文悅章

上堂：臨濟先鋒，放過一著，德山後令，且在一邊。獨露無私一句作麼
生道？良久曰：堪嗟楚下鐘離眛（音抹）以拂子擊禪牀，下座。

後令：カラメテナリ。

瑞州洞山子圓章

上堂，有僧出拋下坐具。師曰：一釣便上。僧提起坐具。師曰：弄巧成
拙。僧曰：自古無生曲，須是遇知音。師曰：波斯入唐土。僧大笑歸眾。

波斯入唐土：放憨賣峭，自恣自由也。

寶應昭禪師法嗣

鄆州興陽山希隱章

上堂：了見不見，見了末了。路上行人，林間宿鳥。月裏塔高十二層，天
外星纏（躔）五百秒。要會麼？手執夜明符，幾箇知天曉。參。

天外星纏（躔）五百秒：躔踐，方語，躔歷也。日運為躔，月
運為逡，度數也，分數毫秒，一分中有百秒。

翠巖真禪師法嗣

潭州大潙慕喆真如章

問：大通智勝佛，十劫坐道場，為甚麼不得成佛道？師曰：苦殺人。

苦殺人：至極辛苦也。指智勝佛。

〔註6〕廓：字漫漶不清。

雲峰悅禪師法嗣

桂州壽寧齊曉章

僧問：大眾雲臻，合談何事？師曰：波斯入鬧市。

　　波斯入鬧市：方語，不辨東西，不知落處。

智海平禪師法嗣

南嶽法輪彥孜章

僧問：如何是不涉煙波底句？師曰：皎皎寒松月，飄飄谷口風。曰：萬差俱掃蕩，一句截流機。師曰：點。僧曰：到。師曰：借人面具舞三臺。

　　借人面具舞三臺：面具八面形也。私人ノマネスル歟？

智海平禪師法嗣

衡州開福崇哲章

問：一水吞空遠，三峰峭壁危？猊臺重拂拭，共喜主人歸。未審到家如何施設？師曰：空手捻雙拳。曰：意旨如何？師曰：突出難辨。

　　猊臺重拂拭，共喜主人歸：猊臺，猊座也。

上堂：山僧有三印，更無增減剩。覿面便相呈，能轉凡成聖。諸人還知麼？若也未知，不免重重註破，一印印空，日月星辰列下風。一印印泥，頭頭物物顯真機。一印印水，捩轉魚龍頭作尾。三印分明體一同，看來非赤又非紅。互換高底如不薦，青山依舊白雲中。

　　無增減剩：剩不屬增與減也。或云：當三印歟？

淨因成禪師法嗣

無為軍冶父實際道川章

初為縣之弓級，聞東齋謙首座，為道俗演法，往從之，習坐不倦。

　　弓級：弓給。帶弓箭共人｛トモウド｝也。所謂中間也。或云：
　　　定使也。或云：弓袋持者也。

《五燈會元》卷第十三

雲巖晟禪師法嗣

瑞州洞山良價悟本章

問：欲見和尚本來師，如何得見？師曰：年牙相似，即無阻矣。

> 年牙相似：齡一同也。同歲而生也。如馬則以牙齒為歲，為歲
> 數。

因夜參，不點燈，有僧出問話。退後，師令侍者點燈，乃召適來問話僧出來。其僧近前，師曰：將取三兩粉來，與這箇上座。其僧拂袖而退。自此省發，遂罄捨衣資設齋。得三年後，辭師。師曰：善為。時雪峰侍立，問曰：祇如這僧辭去，幾時卻來？師曰：他祇知一去，不解再來。其僧歸堂，就衣鉢下坐化。峰上報師，師曰：雖然如此，猶較老僧三生在。

> 將取三兩粉來，與這箇上座：三兩粉，坏粉也。莊嚴セヨト云
> 義也。山云：此僧不知羞，可與之遮藏。

> 猶較老僧三生在：言歷三生，須及老僧也。

問僧：甚處去來？曰：製鞋來。師曰：自解依他。曰：依他。師曰：他還指教汝也無？曰：允即不違。

> 允即不違：教我之時，我也依他。山云：允相從也。又云：許也。

僧問茱萸：如何是沙門行？萸曰：行則不無，有覺即乖。別有僧舉似師，師曰：他何不道未審是甚麼行？僧遂進此語，萸曰：佛行，佛行。僧回舉以師，師曰：幽州猶似可，最苦是新羅。

> 幽州猶似可，最苦是新羅：源云：幽州最遠絕之地，猶可在，
> 最遠是新羅外國之鄉〔註7〕。

僧問：如何是青山白雲父？師曰：不森森者是。曰：如何是白雲青山兒？師曰：不辨東西者是。曰：如何是白雲終日倚？師曰：去離不得。曰：如何是青山總不知？師曰：不顧視者是。

> 青山白雲父：《洞山宗旨頌》云：青山白雲父，白雲青山兒，白
> 雲終日倚，青山總不知。山者，青山父也，君也。雲者，子也，臣
> 也。

〔註 7〕鄉：字漫漶不清。

偈曰：事理俱不涉，回照絕幽微。背風無巧拙，電火爍難追。

背風無巧拙，電火爍難追：弓射之事。

洞山价禪師法嗣

撫州曹山本寂章

問：一牛飲水，五馬不嘶時如何？師曰：曹山解忌口。

一牛飲水，五馬不嘶：源云：一牛，比清高之士。五馬，比名

利之士。或云：巢父許由事。五馬者太守也。

師常握木蛇，有僧問：手中是甚麼？師提起曰：曹家女。問：如何是和尚家風？師曰：尺五頭巾。曰：如何是尺五頭巾？師曰：圓中取不得。

圓中取不得：山云：布短了，捏造不成。言不圓成也。

因鼓山舉威音王佛師，師乃問：作麼生是威音王佛師？山曰：莫無慚愧好。師曰：闍黎恁麼道即得，若約病僧即不然。山曰：作麼生是威音王佛師？師曰：不坐無貴位。

不坐無貴位：尊貴位也。

問：如何是一句？師曰：不道。曰：為甚麼不道？師曰：少時輩。

少時輩：抑下之辭也。或云：吾若道少時輩也。

問：和尚百年後向甚麼處去？師曰：背抵茫叢，四腳指天。

背抵茫叢，四腳指天：言死牛死馬之類也。

青林師虔章

問：久負不逢時如何？師曰：古皇尺一寸。

古皇尺一寸：山云：上古之尺稍長。又云：古帝王造之尺也。

久所擔負未逢人也。宗師家有栽。山云：恐是鏡一面平。

問：如何是道？師曰：回頭尋遠澗。曰：如何是道中人？師曰：擁雪首揚眉。

擁雪首揚眉：山云：白頭而揚眉。

師謂鏡清曰：時寒道者清。曰：不敢。師曰：還有臥單也無？曰：設有亦無展底工夫。師曰：直饒道者滴水冰生，亦不干他事。曰：滴水冰生，事不相涉。師曰：是。曰：此人意作麼生？師曰：此人不落意。曰：不落意，此人聻？師曰：高山頂上，無可與道者咭啄。

臥單：山云：不是眠單用布做，或三幅四幅，長七尺，僧俗同

有之，富家則錦繡作之。夜臥衣被之下蓋之。夏間但用之。此寒則
錦被夾被，或衲被，三箇五箇多少隨時，云々。

長生然和尚問：如何是西來意？師曰：還見庭前杉樧樹否？

樧：音殺，似茱萸也。

潭州龍牙山居遁證空章

問：祖意教意，是同是別？師曰：祖師在後來。

在後來：後出頭義也。

京兆華嚴寺休靜章

問：大軍設天王齋求勝，賊軍亦設天王齋求勝。未審天王赴阿誰願？師
曰：天垂雨露，不揀榮枯。

大軍設天王齋：見《僧史略》。山云：毘沙門天王也。

益州北院通章

問：如何是大富貴底人？師曰：如輪王寶藏。曰：如何是赤窮底人？師
曰：如酒店腰帶。

酒店腰帶：言貧者以帶，換酒喫也。

曹山寂禪師法嗣

洞山道全章

問先洞山，如何是出離之要？山曰：闍黎足下煙生。師當下契悟，更不
他遊。

足下煙生：走走轉速也。

僧問：佛入王宮，豈不是大聖再來？師曰：護明不下生。

護明：護明大士。釋迦牟尼為菩薩時名也。

問：清淨行者不入涅槃，破戒比丘不入地獄時如何？師曰：度盡無遺影，
還他越涅槃。

清淨行者不入涅槃，破戒比丘不入地獄：文殊所說般若經，又，
寶積經一一六卷。

問：極目千里，是甚麼風範？師曰：是闍黎風範。曰：未審和尚風範如
何？師曰：不布婆娑眼。

婆娑眼：言不眼華也。山云：曉不得。

台州幽棲道幽章

鏡清問：如何是少父？師曰：無標的。曰：無標的以為少父邪？師曰：有甚麼過？曰：祇如少父作麼生？師曰：道者是甚麼心行？

　　少父：山云：少父不是正父也。偏位。源云：曾作官了後做閑
　　人，傍人尊重他，喫做少父。林云：言父少而子老之義也。或云：
　　少父，父義也，如叔，無真的非真父也。

曰：如何是道中人？師曰：解驅雲裏信。

　　解驅雲裏信：言雲裏解通信也。

潭州寶蓋山和尚和尚章

僧問：一間無漏舍，合是何人居？師曰：無名不掛體。曰：還有位也無？師曰：不處。

　　無名不掛體：既無名則無體耳。掛者，立也。

澧州欽山文邃章

僧問：如何是祖師西來意？師曰：梁公曲尺，誌公剪刀。

　　梁公曲尺，誌公剪刀：只是誌公之物也。誌公在梁時故云梁公
　　乎？誌公三識中，以曲尺識梁主，以剪刀識齊主，似拂子識陳秀。
　　曲尺，量也。量梁音同。剪刀，切齊意也。陳，塵，音近也。拂子，
　　拂塵也，云々。口傳如此。山云：此梁公未明得也。

問：如何是和尚家風？師曰：錦繡銀香囊，風吹滿路香。巖頭聞令僧去云：傳語十八子，好好事潘郎。

　　錦繡：《傳燈》作錦帳。

　　銀香囊：用銀絲作了也。世人說，欽山貌甚端正。昔有一女子
　　戀之。當備飯之次，以此銀香囊，藏置飯中，以示欽山。欽山遂受，
　　與女子共住頗久。後巖頭雪峰去捉宅出。故室中有此語。巖頭知其
　　行，故云：傳語十八子，好好事潘郎。女李氏也，故云十八子。

師入浴院，見僧踏水輪。僧下問訊。師曰：幸自轆轆地轉何須恁麼？曰：不恁麼又爭得？師曰：若不恁麼，欽山眼堪作甚麼？曰：作麼生是師眼？師以手作撥眉勢，曰：和尚又何得恁麼？師曰：是我恁麼，你便不恁麼？僧無對。師曰：索戰無功，一場氣悶。良久，乃問曰：會麼？曰：不會。師曰：欽山為汝擔取一半。

索戰無功，一場氣悶：山云：兩陳戰爭之時，索他相戰，他不
動也。

撫州金峰從志玄明章

僧問：如何是金峰正主？師曰：此去鎮縣不遙，闍黎莫造次。曰：何不
道取？師曰：口如磉盤。

口如磉盤：磉盤，柱礎也。口如磉盤，開合不得也。

問：如何是西來意？師曰：壁邊有鼠耳。

壁邊有鼠耳：言人慎言語之出，必有聞者，如牆壁間有鼠耳。

曰：將飯餧魚，還須克己。師曰：施食得長壽報。曰：和尚年多少？師
曰：不落數量。曰：長壽者誰。師曰：金峰。曰：果然眼昏。師曰：是，是。

將飯餧魚，還須克己：飯是常住飯，非克己物也。律中施食飯，
用納常住錢。唐土寺院，庫司有施利錢。箇人以錢投之。

師問僧：甚處來？曰：東國來。師曰：作麼生過得金峰關？曰：公驗分
明。師曰：試呈似金峰看。僧展兩手，師曰：金峰關從來無人過得。曰：和尚
還過得麼？師曰：波斯喫胡椒。

波斯喫胡椒：方語，吞吐不下。又云：家常茶飯。

僧問訊次，師把住曰：輒不得向人道，我有一則因緣舉似你。僧作聽勢，
師與一舉。僧曰：為甚麼打某甲？師曰：我要這話。

我有一則因緣舉似你：此曰出〔註8〕示樣〔註9〕，元無因緣，
當面謾人也。

襄州鹿門山處真章

問：如何是函中般若？師曰：佛殿挾頭六百卷。

挾頭：山云：殿邊小間之屋也。

華州草菴法義章

僧問：如何是祖師西來意？師曰：爛炒浮漚飽滿喫。

爛炒浮漚飽滿喫：山云：機語也。又云：福州鄉談，罵人語也。

〔註8〕出：字潦草難辨。
〔註9〕樣：字潦草難辨。

撫州曹山羌慧智炬章

問：如何是和尚為人一句？師曰：汝是九色鹿。

> 九色鹿：《佛說九色鹿經》：佛言：昔者菩薩身為九色鹿，其毛九種色，其角白如雪，常在恒水邊飲食水草云々。

衡州華光範章

莫祇向長連牀上坐地，見他人不肯，忽被明眼人拶著，便向鐵圍山裏藏身。若到廣利門下，須道得第一句，即開一線道與兄弟商量。〔註10〕

> 鐵圍山裏藏身：言黑山下安身也。

蜀川西禪和尚章

僧問：佛是摩耶降生，未審和尚是誰家子？師曰：水上卓紅旗。

> 水上卓紅旗：多少分明。

問：三十六路，阿那一路最妙？師曰：不出第一手。曰：忽遇出時如何？師曰：脊著地也不難。

> 三十六路：相撲之手，有三十六般之手段也。

> 脊著地也不難：倒了也輸。

洪州鳳棲山同安丕禪師：曰：親宮事如何？師曰：道甚麼？

> 親宮事：山云：父母事也。又云：東宮也。

雲居膺禪師法嗣

杭州佛日本空章

初遊天台山，嘗曰：如有人奪得我機者，即吾師矣。尋謁雲居，作禮問曰：二龍爭珠，誰是得者？居曰：卸卻業身來，與子相見。師曰：業身已卸。居曰：珠在甚麼處？師無對。同安代云：回頭即沒交涉。遂投誠入室，時始年十三。後四年，參夾山。纔入門，見維那。那曰：此間不著後生。師曰：某甲不求掛搭，暫來禮謁和尚。維那白夾山。山許相見。師未陞堦，山便問：甚處來？師曰：雲居來。曰：即今在甚麼處？師曰：在夾山頂顴上。山曰：老僧行年在坎，五鬼臨身。師擬上堦，山曰：三道寶堦，從何而上？師曰：三道寶堦曲為今時。

〔註10〕原文拔萃未抄，此補上。

老僧行年在坎：山云：坎，易卦。本年值坎在命，便有凶災之事也。

五鬼臨身：韓退之送窮文有五鬼。又云：五鬼，算通名目也。

凶語。

夾山來日上堂。問：昨日新到在甚麼處？師出應喏。山曰：子未到雲居已前，在甚麼處？師曰：天台國青山。曰：吾聞天台有潺潺之瀑，淥淥之波。謝子遠來，此意如何？師曰：久居巖谷，不挂松蘿。

久居巖谷，不挂松蘿：山云：無住著之相。

歙州朱谿謙章

韶國師到參次，聞犬齩靈鼠聲。國師便問：是甚麼聲？師曰：犬齩靈鼠聲。國師曰：既是靈鼠，為甚麼卻被犬齩？師曰：齩殺也。國師曰：好箇犬。師便打。國師曰：莫打，某甲話在。師休去。

犬齩靈鼠聲：靈字，語助耳，只鼠也。

揚州豐化和尚章

僧問：上無片瓦下無卓錐時如何？師曰：莫飄露麼？

飄露：飄蕩，孤之意也。

南康軍雲居道簡章

問：蛇子為甚麼吞卻蛇師？師曰：在裏何傷？

蛇師：山云：小虫名蛇師。

洪州大善慧海章

僧問：不坐青山頂時如何？師曰：且道是甚麼人？

不坐青山頂：不居正位。

問：如何是解作客底人？師曰：不占上。

不占上：山云：何客只可居下，不可居上位也。

晉州大梵和尚章

僧問：如何是學人顧望處？師曰：井底架高樓。曰：恁麼則超然去也。師曰：何不擺手？

井底架高樓：山云：如何建立得。

超然：遠避而不處也。

阶玨和尚章

僧問：學人不負師機，還免披毛帶角也無？師曰：闍黎何得對面不相識？曰：恁麼則吞盡百川水，方明一點心。師曰：雖脫毛衣，猶披鱗甲。曰：好來和尚具大慈悲。師曰：盡力道，也出老僧格不得。

> 好來：山云：好來幸然如此也。靾

洛京靈泉歸仁章

問：如何是和尚家風？師曰：騎牛戴席帽，過水著靴衫。

> 騎牛戴席帽：山云：多少不自在。

撫州疎山證章

僧問：如何是就事學？師曰：著衣喫飯。曰：如何是就理學？師曰：騎牛去穢。

> 騎牛去穢：山云：多少不自在。或云：如何脫得。或云：機語。

曰：如何是向上事？師曰：薄際不收。問：如何是聲色混融句？師曰：不辨消不及。

> 薄際不收：山云：廣大際會而不收錄用也。

> 不辨消不及：言用不得之義也。

洪州百丈明照安章

僧問：一歲圓光，如何是體？師曰：勞汝遠來。曰：莫便是一藏圓光麼？師曰：更喫一椀茶。

> 一歲圓光：山云：當人分上之事。

問：如何是和尚家風？師曰：手巾寸半布。

> 手巾寸半布：山云：如何用得。

問：如何是極則處？師曰：空王殿裏登九五，野老門前不立人。

> 不立人：源云：亦無眾生。

疎山仁禪師法嗣

隨州護國院守澄淨果章

問：諸佛不到處，是甚麼人行履？師曰：聃耳髯頭。

> 聃耳髯頭：山云：老子之相。

瑞州黃檗山慧章

洛陽人也。少出家，業經論。因增受菩薩戒，而歎曰：大士攝律儀，與吾本受聲聞戒，俱止持作犯也。然於篇聚增減，支本通別，制意且殊，既微細難防，復於攝善中未嘗行於少分，況饒益有情乎？且世間泡幻，身命何可留戀哉？由是置講課，欲以身捐於水中，飼鱗甲之類。念已將行，偶二禪者接之款話，說南方頗多知識，何滯於一隅？師從此回志參尋。

> 篇聚增減：五篇減七聚增。

> 支本通別：支者，二百五十戒。本，四重也。通者，大乘戒，在家出家共受。故云通也。別者，聲聞小乘戒，二百五十也。在家不受，故曰別也。山云：支派本宗，或通或別。則不同乎？律宗支者條也。本者根本，乃身口意七支也。自此分枝葉，二百五十戒也。

常州正勤院蘊禪師和尚章

僧問：師唱誰家曲，宗風事若何？師曰：迥出簫韶外，六律豈能過。曰：不過底事作麼生？師曰：聲前拍不散，句後覓無蹤。

> 聲前拍不散，句後覓無蹤：言於聲前鎮長拘也。不散者不體也。

襄州萬銅山廣德延章

師不安。僧問：和尚患箇甚麼？師曰：無私不墜的。

> 無私不墜的：準的也。必中也。正也。《傳燈》，私作思。山云：不思其中的也。源云：大道無私也。

襄州石門獻蘊章

問：如何是夾山正主？師曰：好手須知欒布作，韓光虛妄立功勳。

> 好手須知欒布作，韓光虛妄立功勳：欒布，漢將軍。韓光虛妄立功勳，安立機關之人，不可放通，徒自虛妄。

問：不落機關，請師便道？師曰：湛月迅機無可比，君今曾問幾人來。曰：即今問和尚。師曰：好大哥，雲綻不須藏九尾，恕君殘壽速歸丘。師以蠻夷作亂，遂離夾山至襄州，創石門寺，再振玄風。

> 好大哥：山云：唐土相呼人之語也。

> 雲綻不須藏九尾，恕君殘壽速歸丘：古有九尾狐，怪物也。雲

開了你妖怪，急急走。若不去時，必至喪身失命也。不作怪，則放
你殘生。容你隱去也。大意如此。恐別有事不可知也。

僧問：月生雲際時如何？師曰：三箇孩兒抱華鼓，好大哥，莫來攔我毬
門路。

　　三箇孩兒抱華鼓：山云：小兒戲具，鼓上畫華也。臨機語也。

問：如何是和尚家風？師曰：常騎駿馬驟高樓，鐵鞭指盡胡人路。

　　鐵鞭指盡胡人路：言舉鐵鞭，以指人之路也。戰勝之人，放他
　　一線道也。

青林虔禪師法嗣

鄂州芭蕉和尚章

僧問：十二時中如何用心？師曰：蘢蔥一木盆。

　　蘢蔥一木盆：山云：盆之形。又云：鬪鉤之貌。胡亂安排也。
　　《傳燈》作櫳總。

白水仁禪師法嗣

京兆府重雲智暉章

問：如何是重雲秤？師曰：任將天下勘。

　　任將天下勘：山云：天下人貶剝。

龍牙遁禪師法嗣

潭州報慈藏嶼匡化章

僧問：心眼相見時如何？師曰：向汝道甚麼？問：如何是實見處？師曰：
絲毫不隔。曰：恁麼則見也。師曰：南泉甚好去處。

　　南泉甚好去處：山云：急作手腳。又云：只是應機之語也。或
　　云：南泉遷化向何處去？東家作驢等也。

問：如何是西來意？師曰：昨夜三更送過江。問：臨機便用事如何？師
曰：海東有果樹頭心。

　　海東有果樹頭心：獼猴賺虯之事也。見《事苑》一。

問：如何是向上一路？師曰：郴連道永。

　　郴連道永：湖南路四州名。

問：如何是湖南境？師曰：艨艟戰棹。曰：還許學人遊翫也無？師曰：一任闍黎打艖。

打艖：多事也。又，醉行也。

問：和尚百年後，有人問如何祇對？師曰：分明記取。問：情生智隔想變體殊，祇如情未生時如何？師曰：隔。曰：情未生時，隔箇甚麼？師曰：這箇梢郎子未遇人在。

梢郎子：稱其名為梢郎子。或云：查子罵人語也。或云：篙師。

華嚴靜禪師法嗣

鳳翔府紫陵匡一定覺章

初到蟠龍，見僧問：碧潭清似鏡，蟠龍何處安？龍曰：沈沙不見底，浮浪足巉屼。師不肯。龍請師道，師曰：金龍迥透青霄外，潭中豈滯玉輪機。龍肯之。

沈沙不見底，浮浪足巉屼。：言波如山，沈沙，底深而不知也。

山云：玉輪，月也。

九峯滿禪師法嗣

洪州同安院威章

僧問：牛頭未見四祖時如何？師曰：路邊神樹子見者盡擎拳。曰：見後如何？師曰：室內無靈牀渾家不著孝。

擎拳：敬貌也。

室內無靈牀渾家不著孝：靈牀，安死人床也。山云：無死則不

服孝。

問：如何是同安一曲？師曰：靈琴不別人間韻，知音豈度伯牙門。曰：未審何人和得。師曰：木馬嘶時從彼聽，石人拊掌阿誰聞。曰：或遇知音時如何？師曰：知音不度耳，達者豈同聞。

達者豈同聞：言不同尋常之聞也。

師問僧，寅晡飲啄，無處藏身。你道有此道理麼？曰：和尚作麼生？師打一拂子，僧曰：撲手征人，徒誇好手。師曰：握鞭側帽，豈是闍黎。曰：今古之道，何處藏身？師曰：闍黎作麼生？僧珍重，便出。師曰：未在。

寅晡飲啄，無處藏身：每日飲啄，如何藏身？當時現前也。

撲手征人，徒誇好手：言賭博之人非好手也。

北院通禪師法嗣

京兆府香城和尚章

僧問：三光景色謝照燭事如何？師曰：朝邑峯前卓五彩。曰：不涉文彩事作麼生？師曰：如今特地過江來。

朝邑峯前卓五彩：朝邑峯，地名也。五彩者，五色旗也。

問：牛頭還得四祖意否？師曰：沙書下點落千字。曰：下點後如何？師曰：別將一撮俵人天。曰：恁麼則人人有也。師曰：汝又作麼生？

沙書下點落千字：古人寫字有錐沙之盡。言用筆深重如此。下點則有千字之義也。用工多也。源云：握沙書字下一字，便作千點，其數多故也。或云：點〔註11〕事也。以沙入物振，落字形見定吉凶也。

別將一撮俵人天：俵，散也，布施也。別二一撮ヲ將テ人天ヲ俵（ワカ）ツ。

《五燈會元》卷第十四

鹿門真禪師法嗣

益州崇真章

問：如何是大人相？師曰：泥捏三官土地堂。

三官：天官、地官、水官也。

襄州鹿門志行譚章

問：如何是清淨法身？師曰：戊亥年生。

戊亥年生：山云：解說不得也。或云：師之生年歟？未詳。

曹山霞禪師法嗣

嘉州東汀和尚章

僧問：如何是向去底人？師曰：石女紡麻縷。曰：如何是卻來底人？師曰：扇車關棙斷。

〔註11〕點：字漫漶不清。

扇車關楸斷：扇車者，山云：扇中風車子也。關楸斷則用不得。

又云：扇車者，以轆轤作機扇，不費人力而被扇也。

草庵義禪師法嗣

泉州龜洋慧忠章

謁草菴。菴問：何方來？師曰：六眸峰。菴曰：還見六眸否？師曰：患非重瞳。菴然之。

患非重瞳：超過答也。

師曰：古人有言，上昇道士不受籙，成佛沙彌不具戒。祇為白衣，過中不食。不宇而禪，迹不出山者三十年。

籙：道士相傳血脈之書也。

同安丕禪師法嗣

洪州同安志章

上堂曰：多子塔前宗子秀，五老峰前事若何？如是三舉，未有對者。末後師出曰：夜明簾外排班立，萬里歌謠道太平。

多子塔前宗子秀，五老峰前事若何：五老峰，同安在五老峰也。

五老聚頭，如五老人之狀。在廬山也。言多子塔前分半座，與我這裏有分也無？

夜明簾外排班立：排班立，臣臣雁行立也。

問：凡有言句，盡落今時。學人上來，請師直指。師曰：目前不現，句後不迷。曰：向上事如何？師曰：迥然不換，標的即乖。

迥然不換，標的即乖：超然今古無變遷，擬欲指示。端的蹉過了。

雲居岳禪師法嗣

揚州豐化院令崇章

僧問：如何是敵國一著碁？師曰：下將來。

敵國一著碁：妙手可敵一國之手也。

澧州藥山忠彥章

問：師唱誰家曲，宗風嗣阿誰？師曰：雲嶺龍昌月，神風洞上泉。

雲嶺龍昌月，神風洞上泉：龍昌者，即雲居舊寺名也。今山中有龍昌亭，乃近舊跡也。神風者，地名也。

護國澄禪師法嗣

隨州護國知遠演化章

僧問：舉子入門時如何？師曰：緣情體物事作麼生？

緣情體物：源云：三緣和合生子，緣情體物，此意也。體者，契物義也。

隨州智門寺守欽圓照章

問：如何是和尚家風？師曰：額上不貼牓。

額上不貼牓：山云：不知。

安州大安山崇教能章

僧問：師唱誰家曲，宗風嗣阿誰？師曰：打動南山鼓，唱起北山歌。

打動南山鼓，唱起北山歌：山云：信口亂道。

靈泉仁禪師法嗣

郢州大陽慧堅章

僧問：如何是玄旨？師曰：壁上挂錢財。

挂錢財：言紙錢等也。

問：不借時機用，如何話祖宗？師曰：老鼠齩腰帶。

老鼠齩腰帶：繫不得了。

廣德延禪師法嗣

襄州廣德義章

問：如何是作無間業底人？師曰：猛火然鐺煮佛喋。

喋：文甲切，食也。源云：喫一般也。

問：如何是古佛心？師曰：多年曆日雖無用，犯著應須總滅門。曰：或遇新曆日，又作麼生？師曰：運動脩營無滯礙，何勞入市問孫臏。

犯著應須總滅門：山云：滅除一家門戶也。雖曆日變，吉凶於

三世不變也。雖曆日變若犯滅門也。或云：曆有名目，吉日云：金
剛峯。又云：甘露。惡日云：大禍狼藉滅門也。

孫臏：賣卜人也。見《事苑》第五。

問：如何是賓中賓？師曰：蕩子無家計，飄蓬不自知。曰：如何是賓中
主？師曰：茅戶挂珠簾。曰：如何是主中賓？師曰：龍樓鋪草坐。曰：如何是
主中主？師曰：東宮雖至嫡，不面聖堯顏。

聖堯顏：未許可也。東宮未登王位之義也。

問：有一室女，未曾嫁娉，生得一子，姓箇甚麼？師曰：偶然衫子破，閫
外沒人縫。

生得一子：不假脩持，到頭進也。

縫：《普燈》作蹤。一塵不立之謂也。

問：如何是異日已前人？師曰：萬年枯木鳥銜來。

異日已前人：或云：爾前義也。異日，指《法華》會上也。

石門蘊禪師法嗣

襄州石門慧徹章

問：如何是祖師西來意？師曰：少林澄九鼎，浪動百華新。

澄九鼎：或云：天子御前安置。九鼎，天子有事，則鼎動波不
澄。今用處者，禍自少林生也。

問：雲光作牛，意旨如何？師曰：陌巷不騎金色馬，回途卻著破襴衫。

雲光作牛：通論第六，為牛事。寒山詩，見初丁。

金色馬：上色好馬也。

問：一毫未發時如何？師曰：后羿不調弓，箭透三江口。

后羿不調弓，箭透三江口：后羿是善射人。不調弓者，言只等
閑射之謂也。

紫陵一禪師法嗣

并州廣福道隱章

僧問：如何是指南一路？師曰：妙引靈機事，澄波顯異輪。

澄波顯異輪：水清月現也。

興元府大浪和尚章

僧問：既是喝河神，為甚麼被水推卻？師曰：隨流始得妙，住岸卻成迷。

> 喝河神：管領河之神也。或云：佛弟子畢陵伽婆闍平生以神
> 通使得神。有時被水推卻流也。此義ナラバ河神ヲ喝スト讀ム可
> シ。

谷隱靜禪師法嗣

襄州谷隱知儼宗教章

僧問：師唱誰家曲，宗風嗣阿誰？師曰：白雲南傘蓋北。

> 白雲南傘蓋北：兩所名也。

同安志禪師法嗣

鼎州梁山緣觀章

問：如何是從上傳來底事？師曰：渡水胡僧無膝袴，背駝梵夾不持經。

> 膝袴：腳繃也。

護國遠禪師法嗣

懷安軍雲頂德敷章

住後，成都帥請就衙陞座。有樂營將出，禮拜起，回顧下馬台，曰：一口吸盡西江水即不問，請師吞卻堦前下馬台？師展兩手唱曰：細抹將來。營將猛省。

> 樂營將：《普燈》作樂營使。樂人之首，謂之營使也。伶人之首
> 也。樂頭也。
>
> 細抹將來：州群公宴，將作曲，伶人呼細抹將來。蓋御宴樂先
> 以絲聲發之，後以眾樂和。故號絲抹將來。今所在，起曲先以竹，
> 不惟訛其名，亦且失其實矣。細者，絲字也。先絃謂也。秋澗云：
> 樂人相聚作舞之時，其首指之云：細抹將來，細抹將來。此言不忽
> 草，子細好作將來也。今借他家言句，說得他家人歟？或云：樂調
> 差時，樂師之云語也。然則纖細卒爾義，非也。

大陽堅禪師法嗣

襄州石門紹遠章

僧問：師唱誰家曲，宗風嗣阿誰？師曰：十方無異路，揭覺鳳林前。

> 揭覺：舉似也。

問：金龍不吐凡間霧，請師舉唱鳳凰機？師曰：白眉不展手，長安路坦平。

> 白眉：或云：英俊之人，曰白眉。馬良，眉有白毛。山云：賊
> 人歟？或云：賊人也。畏者云也。白眉大蟲云也。

問：如何是西來意？師曰：布袋盛烏龜。

> 布袋盛烏龜：山云：方語也。此恐是出頭不得也。

問：如何是和尚密作用？師曰：滴瀝非旨趣，千山不露身。

> 滴瀝非旨趣：言微細非宗旨也。

問：生死浪前如何話道？師曰：毛袋橫身絕飲啄，青谿常臥太陽春。

> 毛袋橫身絕飲啄，青谿常臥太陽春：言畜生臥太陽，樂不食貌。

舒州投子義青章

遂書偈送曰：須彌立太虛，日月輔而轉。羣峰漸倚他，白雲方改變。少林風起叢，曹溪洞簾卷。金鳳宿龍巢，宸苔豈車碾。

> 金鳳宿龍巢：以金鳳喻曹洞宗旨也。以龍巢譬浮山也。且受大
> 陽付屬臨濟家傳曹洞宗謂也。內裏非尋常車所到。若非汝到此者，
> 誰須傳此宗之謂歟？

> 宸苔豈車碾：山云：宸者，君主所居。宮殿苔生，乃君王不
> 居正位也。佛源云：宸者，王位。大意，空王殿人不到，車豈碾
> 苔乎？

僧問：師唱誰家曲，宗風嗣阿誰？師曰：威音前一箭，射透兩重山。曰：如何是相傳底事？師曰：全因淮地月，得照郢陽春。曰：恁麼則入水見長人也。師曰：祇知荊玉異，那辨楚王心？僧禮拜，師以拂子擊之。

> 兩重山：臨濟曹洞二家謂也。

> 全因淮地月：浮山也。

> 郢陽：大陽所在也。

祇知荊玉異，那辨楚王心：卞和知荊玉貴，不論楚王知不知。

其言也，偏圓正到兼帶叶通。其法也，不落是非豈關萬象？幽旨既融於水月，宗源派混於金河。不墜虛凝，回途復妙。

幽旨既融於水月，宗源派混於金河：佛眼辨云：金河，恒河，混雜而流，故云金河也。混佛語也。

郢州興陽清剖章

上堂：西來大道，理絕百非。句裏投機，全乖妙旨。不已而已，有屈祖宗。豈況忉忉有何所益？雖然如是，事無一向。且於唱教門中，通一線道，大家商量。

不已而已，有屈祖宗：言不得已而得為也。是便未免屈宗旨也。何況口忉忉地哉？

事無一向：方便多門，未必一概也。

唱教門：方便門也。

僧問：娑竭出海乾坤震，覿面相呈事若何？師曰：金翅鳥王當宇宙，箇中誰是出頭人？曰：忽遇出頭時又作麼生？師曰：似鶻提鳩君不信，髑髏前驗始知真。曰：恁麼則叉手當胸，退身三步也。師曰：須彌座下烏龜子，莫待重遭點額回。

須彌座下烏龜子，莫待重遭點額回：烏龜不能豎須彌座。遭點額謂也。

襄州白馬歸喜章

僧問：如何是佛法大意？師曰：善犬帶牌。

善犬帶牌：唐若咬人猛狗，令帶牌頸，書曰惡犬。言教人知之。今善犬帶牌，徒用也。差互用處也。

問：如龜藏六時如何？師曰：布袋裏弓箭。

布袋裏弓箭：安能引得人乎？

問：不著佛求不著法求，當於何求？師曰：村人跪拜石師子。曰：意旨如何？師曰：社樹下設齋。

村人跪拜石師子：錯敬事之也。見之則為鬼神也。

靈泉仁禪師法嗣

郢州大陽慧章

僧問：漢君七十二陣，大霸寰中？和尚臨筵，不施寸刃，承誰恩力。師曰：杲日當軒際，森羅一樣觀。

　　漢君七十二陣：漢高祖與項羽爭天下五年，經七十二歲後，斬
　　項羽而即皇帝位。

道吾詮禪師法嗣

相州天平山契愚章

問：法無動搖時如何？師曰：你從潞府來。士曰：一步也不曾驀。師曰：因甚得到這裏？士曰：和尚睡語作麼？師曰：放你三十棒。

　　不曾驀：走也。只是一步一步而行。不忽忽也。

投子青禪師法嗣

東京天寧芙蓉道楷章

後作典座，子曰：廚務勾當不易。師曰：不敢。子曰：煮粥邪？蒸飯邪？師曰：人工淘米著火，行者煮粥蒸飯。子曰：汝作甚麼？師曰：和尚慈悲，放他閑去。

　　勾當：管幹其事也。

上堂：喚作一句，已是埋沒宗風。曲為今時，通途消耗。所以借功明位，用在體處。借位明功，體在用處。若也體用雙明，如門扇兩開，不得向兩扇上著意。不見新豐老子道，峰巒秀異，鶴不停機。靈木迢然，鳳無依倚。直得功成不處，電火難追。擬議之間，長途萬里。

　　通途消耗：通途，乃大道也。消耗，破損之謂也。

　　借功明位：功，偏也。位，正也。

曰：如何是和尚家風？師曰：眾人皆見。曰：未審見箇甚麼？師曰：東壁打西壁。

　　東壁打西壁：山云：太狼藉也。

新到相見，茶湯而已，更不煎點，唯置一茶堂，自去取用，務要省緣，專一辨道。又況活計具足，風景不疎。華解笑，鳥解啼，木馬長鳴，石牛善

走。天外之青山寡色，耳畔之鳴泉無聲。嶺上猿啼，露濕中宵之月。林間鶴唳，風回清曉之松。春風起時，枯木龍吟，秋葉凋而寒林華散。玉堦鋪苔蘚之絞，人面帶烟霞之色。音塵寂爾，消息宛然。一味蕭條，無可趣向。

> 寡色：古點，色寡（スクナク）。不隨數〔註12〕色。

> 鳴泉無聲：不隨音聲之義也。

山僧今日向諸人面前，說家門已是不著便，豈可更去陞堂入法，拈槌豎拂，東喝西棒，張眉努目，如癎病發相似。

> 癎病：物狂疾也。

山僧每至說著古聖做處，便覺無地容身，慚愧後人軟弱，又況百味珍羞，遞相供養。道我四事具足，方可發心。祇恐做手腳不迭，便是隔生隔世去也。

> 祇恐做手腳不迭：言不自由縱橫也。迭，更迭也。或云：無徹同。

上堂：如斯話會，誰是知音？直饒向一句下，千眼頓開，端的有幾箇是迷逢達磨？諸人要識達磨祖師麼？乃舉手作捏勢，曰：達磨鼻孔在少林手裏，若放開去，也從教此士西天，說黃道黑，欺胡謾漢。若不放過，不消一捏。有人要與祖師作主，便請出來與少林相見，還有麼？良久曰：果然。

> 迷逢達磨：萬象森羅，滿目達磨，於是自迷，不知達磨也。

芙蓉楷禪師法嗣

鄧州丹霞子淳章

上堂：乾坤之內，宇宙之間，中有一寶，祕在形山。肇法師恁麼道，祇解指蹤話跡，且不能拈示於人。丹霞今日擘開宇宙，打破形山，為諸人拈出。具眼者辨取。以拄杖卓一下，曰：還見麼？鷺鷥立雪非同色，明月蘆華不似他。

> 鷺鷥立雪非同色，明月蘆華不似他：鷺鷥立雪，共白也，偏位
> 也。非同色者，別有黑處，正位也。

> 明月蘆華不似他：言不似明月蘆華之白處也。別有黑處也。正
> 位也。

上堂。亭亭日午猶虧半，寂寂三更尚未圓。六戶不曾知暖意，往來常在月明前。

亭亭日午猶虧半，寂寂三更尚未圓：當午意也。偏中正也。下
句，正中偏也。

六戶不曾知暖意：對日不知暖。百不知貌。或云：暖者陽也，
白也，偏位也。不知者，黑也。正位也。暖字，恐是曉字歟？

往來常在月明前：月明前，先也，月明以前，黑也，正位也。

上堂。寶月流輝，澄潭布影。水無蘸月之意，月無分照之心。水月兩忘
方可稱斷。所以道，昇天底事直須颺卻，十成底事直須去卻。擲地金聲，不須
回顧。若能如是，始解向異類中行。諸人到這裏，還相委悉麼？良久曰：常行
不舉人間步，披毛戴角混塵泥。

水月兩忘方可稱斷：言猶隨斷見未為是也。

東京淨因枯木法成章

上堂：燈籠忽爾笑哈哈，如何露柱亦懷胎？天明生得白頭女，至今游蕩
不歸來。這冤家好歸來，黃華與翠竹，早晚為誰栽？

這冤家好歸來：到得本分田地也。

黃華與翠竹，早晚為誰栽：早晚，猶何時？雖合本分處，未有
入鄽垂手分也。不知何時為他垂手矣？

洪州寶峰闡提惟照章

唱慶堯年，和清平樂。如斯告報，普請承當。擬議之間，白雲萬里。

唱慶堯年：猶萬歲樂也（慶堯ノ年ヲ唱へ）。

和清平樂：曲名也（清平樂ヲ和ス）。

上堂：本自不生，今亦無滅，是死不得底樣子。當處出生，隨處滅盡，是
活生受底規模。大丈夫漢，直須處生死流，臥荊棘林，俯仰屈伸，隨機施設。
能如是也，無量方便，莊嚴三昧，大解脫門，蕩然頓開。其或未然，無量煩
惱，一切塵勞，嶽立面前，塞卻古路。

活生受底規模：活在此便多辛苦。或云：生受，鄉談也。又云：
活生受，鄉談辛苦之義也。和訓ムツカシ云義也。

襄州石門元易章

良久曰：若寔無為無不為，天堂地獄長相隨。三尺杖子攪黃河，八臂那
吒冷眼窺，無限魚龍盡奔走，捉得循河三腳龜。脫取殼，鐵錐錐，吉凶之兆便
分輝。借問東村白頭老，吉凶未兆若何為？休休休，古往今來春復秋。白日

騰騰隨分過，更嫌何處不風流？咄。〔註13〕

三尺杖子攪黃河：方語，不能至底。

循河：地名。師住處歟？

三腳龜：沿河走者，無出處。只是箇不解透脫者也。

鐵錐錐：卜者，燒鐵錐，以錐投龜甲，見其文，占吉凶。所謂，
鑽龜者是也。

上堂：皓月當空，澄潭無影。紫微轉處夕陽輝，彩鳳歸時天欲曉。碧霄
雲外，石笋橫空。綠水波中，泥牛駕浪。懷胎玉兔，曉過西岑。抱子金雞，夜
棲東嶺。於斯明得，始知夜明簾外，別是家風，空王殿中，聖凡絕跡。且道作
麼生是夜明簾外事，還委悉麼？正值秋風來入戶，一聲砧杵落誰家。

紫微：紫微宮，北斗之星名也。

長安天寧大用齊璉章

上堂：清虛之理，佛祖同歸。畢竟無身，聖凡一體。理則如是，滿目森
羅事作麼生？纖塵絕際，渠儂有眼，豈在旁窺。官不容針，私通車馬。若到恁
麼田地，始可隨機受用。信手拈來，妙應無方。當風玄路，直得金針錦縫，線
腳不彰。玉殿寶階，珠簾未卷。正當此時，且道是甚麼人境界？古渡秋風寒
颯颯，蘆華紅蓼滿江灣。

纖塵絕際，渠儂有眼：到纖塵不立絕邊際處，萬象森羅具自己
眼也。

豈在旁窺：離卻萬象莫外求。滿目風光無不是。

福州普賢善秀章

僧問：如何是正中偏？師曰：龍吟初夜後，虎嘯五更前。曰：如何是偏
中正？師曰：輕煙籠皓月，薄霧鎖寒巖。曰：如何是正中來？師曰：松瘁何曾
老？華開滿未萌。曰：如何是兼中至？師曰：猿啼音莫辨，鶴唳響難明。曰：
如何是兼中到？師曰：撥開雲外路，脫去月明前。

龍吟初夜後：初夜者，偏位也。後者，正位也。

虎嘯五更前：五更者，偏位也。前者，正位也。五位之句，以
此手段可見之。

〔註13〕拔萃未抄原文，此補上。

松瘁何曾老，華開滿未萠：正中來者，自正位垂手入塵埃也。雖入塵埃，不混塵埃。故雖松瘁，總不老處。下句，以此趣可推量之。

建昌軍資聖南章

聖節上堂。顧視左右曰：諸人還知麼？夜明簾外之主，萬化不渝。瑠璃殿上之尊，四臣不昧。端拱而治，不令而行，壽逾百億須彌，化洽大千沙界。且道正恁麼時，如何行履？野老不知黃屋貴，六街慵聽靜鞭聲。

野老不知黃屋貴，六街慵聽靜鞭聲：靜鞭者，天子行幸之時，前句驅云：靜之鞭也。

丹霞淳禪師法嗣

真州長蘆真歇清了章

上堂：我於先師一掌下，伎倆俱盡，覓箇開口處不可得。如今還有恁麼快活不徹底漢麼？若無，銜鐵負鞍，各自著便。

不徹底漢：注曰：至極微也。

著便：言若非透徹，卻墮異類中，得其便宜他（便二著カン）。

明州天童宏智正覺章

問：清虛之理畢竟無身時如何？師曰：文彩未痕初，消息難傳際。曰：一步密移玄路轉，通身放下劫壺空。師曰：誕生就父時，合體無遺照。曰：理既如是，事作麼生？師曰：歷歷繾回分化事，十方機應又何妨？曰：恁麼則塵塵皆現本來身去也。師曰：透一切色，超一切心。曰：如理如事又作麼生？師曰：路逢死蛇莫打殺，無底籃子盛將歸。曰：入市能長嘯，歸家著短衫。師曰：木人嶺上歌，石女溪邊舞。

如理如事：畢竟之義也。

大洪恩禪師法嗣

隨州大洪慧照慶預章

上堂：進一步踐他國王水草，退一步踏他祖父田園。不進不退，正在死水中。還有出身之路也無？蕭騷晚籟松釵短，游漾春風柳線長。

蕭騷晚籟：風聲也。

上堂，舉船子囑夾山曰：直須藏身處無蹤跡，無蹤跡處莫藏身。吾在藥

山三十年，祇明此事，今時人為甚麼卻造次？丹山無彩鳳，寶殿不留冠。有時憨，有時癡，非我途中爭得知？

> 丹山無彩鳳，寶殿不留冠：尊貴之處不留心也。
>
> 非我途中爭得知：同道者方知。

處州治平潤章

上堂：優游實際妙明家，轉步移身指落霞。無限白雲猶不見，夜乘明月出蘆華。

> 優游實際……白雲猶不見，夜乘明月出蘆華：言不滯偏位，直出正位也。

淨因成禪師法嗣

台州護國守昌章

上堂，拈拄杖卓曰：三十六旬之開始，七十二候之起元。萬邦迎和氣之時，東帝布生成之令。直得天垂瑞彩，地擁貞祥。微微細雨洗寒空，淡淡春光籠野色。可謂應時納祐慶無不宜。盡大地人，皆添一歲。敢問諸人，且道那一人年多少。良久曰：千歲老兒顏似玉，萬年童子鬢如絲。

> 三十六旬之開始，七十二候之起元：一年三十六旬也。五日為一候也。一年有七十二候也。

大洪遂禪師法嗣

隨州大洪慶顯章

僧問：須菩提巖中宴坐，帝釋雨華？和尚新據洪峰，有何祥瑞？師曰：鐵牛耕破扶桑國，迸出金烏照海門。曰：未審是何宗旨？師曰：熨斗煎茶銚不同。

> 熨斗煎茶銚不同：熨斗，撫衣之器也。形如銚子也。言熨斗與煎茶，其銚一相似。雖能其器各別也。

大洪智禪師法嗣

越州天童樞章

上堂，召大眾曰：春將至，歲已暮。思量古往今來，祇是簡般調度。凝眸昔日家風，下足舊時岐路。勸君休莫莽鹵，眨上眉毛須薦取。東村王老笑呵呵，此道今人棄如土。

　　調度：風調，法度也。

　　東村王老：春神也。春者，四季之王，故云爾。

長蘆了禪師法嗣

建康保寧興譽章

　　上堂：步入道場，影涵宗鑑。粲粲星羅霽夜，英英華吐春時。木人密運化機，絲毫不爽。石女全提空印，文彩未彰。且道不一不異，無去無來，合作麼生體悉？的的縱橫皆妙用，阿儂元不異中來。

　　　　阿儂：渠儂也。

真州北山法通章

　　僧問：斷言語，絕思惟處，乞師指示？師曰：滴水不入石。

　　　　滴水不入石：言一滴水不能入石也。

天童覺禪師法嗣

杭州淨慈自得慧暉章

　　次日入室，智舉，堪嗟去日顏如玉，卻歎回時鬢似霜，詰之。師曰：其入離，其出微。自爾問答無滯，智許為室中真子。〔註14〕

　　　　堪嗟去日顏如玉，卻歎回時鬢似霜：《同安十玄談達本頌》云
　　　　云。注曰：脫珍御服著弊垢。

　　　　其入離其出微：肇法師《寶藏論‧離微體淨品》云：其入離其
　　　　出微，知入離外塵無所依，知出微內心無所為。內心無所為，諸見
　　　　不能移。外塵無所依，萬有不能羈。

明州光孝了堂思徹章

　　上堂：羊頭車子推明月，沒底船兒載曉風。云云。

　　　　羊頭車子：或云：東京多有之。以木作羊，即駕車作羊，撼
　　　　之勢，而有人推之行也。乃賣買車也。或唐人云：有一輪車，人
　　　　推之，積物賣之。車形似羊頭也。或云：積菓子等具，月夜推之
　　　　賣也。

〔註14〕拔萃未抄原文，此補上。

大洪預禪師法嗣

福州雪峰慧深首座

示眾：未得入頭應切切，入頭已得須教徹。雖然得入本無無，莫守無無無間歇。大洪聞之，乃曰：深兄說禪若此，惜福緣不勝耳。一日普說罷，揮偈辭眾，以筆一拍而化。

雖然得入本無無：本無無者，無一物之義也。

莫守無無無間歇：奪守本無無，無間斷處也。

天衣聰禪師法嗣

蘇州慧日法安章

僧問：如何是和尚為人一句？師曰：狗走抖擻口。曰：意旨如何？師曰：猴愁攃揫頭。

猴愁攃揫頭：攃揫，或云：爬頭貌。或云：猴之意急逸故，愁時抓頭云々。山云：此每句皆一音之字。巧為語也。

溫州護國欽章

上堂。有句無句，明來暗去。活捉生擒，捷書露布。如藤倚樹，物以類聚。海外人參，蜀中綿附。樹倒藤枯，切忌名模。句歸何處？囉嚧囉嚧。呵呵大笑，破鏡不照。大地茫茫，一任跨跳。

捷書露布：捷書者，山云：征戰得勝，有書報朝廷。翁云：御書而不封，謂之露布也。為令萬人速知事吉凶，書之插立於街頭也。

或有實事，亦有虛頭，臨時不定也。故用所者，胡亂也。

綿附：《普燈》作附子。

無為軍吉祥元實章

入室次，衣預令行者五人，分序而立。師至俱召，實上座。師於是密契奧旨。

分序而立：雁行立也。

《五燈會元》卷第十五

雪峰存禪師法嗣

韶州雲門山光奉院文偃章

上堂：三乘十二分教，橫說豎說，天下老和尚縱橫十字說，與我拈針鋒許說底道理來。看恁麼道，早是作死馬醫。雖然如此，且有幾箇到此境界？

　　死馬醫：山云：馬既死了，且醫看。活也得。死也得。

問：如何是雲門山？師曰：庚峰定穴。問：如何是大脩行人？師曰：一榼在手。

　　一榼：酒器也。在手此乃大脩行也。

上堂：盡乾坤一時將來著汝眼睫上，你諸人聞恁麼道，不敢望你出來，性燥把老漢打一摑，且緩緩子細看，是有是無，是箇甚麼道理？

　　性燥：《事苑》曰：燥，當作懆。蘇到反，性麤疎貌也。

汝不看他德山和尚纔見僧入門，拄杖便趁，睦州和尚纔見僧入門來，便云見成公案，放汝三十棒。自餘之輩，合作麼生？若是一般掠虛漢，食人涎唾。〔註15〕

　　自餘之輩：指，他古人也。

汝若有少許來由，亦昧汝不得。若實未得方便，撥你即不可〔註16〕。

　　撥汝：告汝義歟？林云：和訓，ソソノカス義也。

乃曰：汝等諸人沒可作了，見人道著祖意，便問超佛越祖之談。汝且喚甚麼作佛？喚甚麼作祖？且說超佛越祖底道理看。問箇出三界，汝把將三界來，看有甚麼見聞覺知隔礙著汝？有甚麼聲塵色法與汝可了？了箇甚麼椀？

　　甚麼椀：言閑事義也。

僧問：如何是和尚家風？師曰：有讀書人來報。

　　有讀書人來報：《傳燈》作門前有讀書人。

〔註15〕拔萃原文從「自餘之輩」抄到「一般掠虛漢」。
〔註16〕拔萃原文只抄了「方便，撥你即不可」。

雲門偃禪師法嗣

韶州白雲子祥實性大師

問：如何是和尚家風？師曰：石橋那岸有，這邊無。會麼？曰：不會。師曰：且作丁公吟。

> 丁公吟：或云：雖千萬吟，不得作詩之人也。思量之用處。

師將示滅，白眾曰：某甲雖提祖印，未盡其中事。諸仁者且道其中事作麼生？莫是無邊中間內外已否？若如是會，即大地如鋪沙。良久曰：去此即他方相見。言訖而寂。

> 大地如鋪沙：言其多也。

鼎州德山緣密圓明章

問：盡大地致一問不得時如何？師曰：話墮也。曰：大眾總見。師便打。

> 盡大地致一問不得：內心外境，總問不得時也。

益州青城香林院澄遠章

且問汝諸人，是汝參學日久，用心掃地煎茶，遊山翫水，汝且釘釘，喚甚麼作自性。諸人且道，始終不變不異，無高無下，無好無醜，不生不滅，究竟歸於何處？諸人還知得下落所在也未？若於這裏知得所在，是諸佛解脫法門。云々。

> 釘釘：定定之意。必要喚何作自性。

襄州洞山守初宗慧章

初參雲門。門問：近離甚處？師曰：查渡。門曰：夏在甚處？師曰：湖南報慈。曰：幾時離彼？師曰：八月二十五。門曰：放汝三頓棒。師至明日，卻上問訊，昨日蒙和尚放三頓棒，不知過在甚麼處？門曰：飯袋子，江西湖南便恁麼去。師於言下大悟。

> 江西湖南便恁麼去：未許他，乃咤令去。此話參可知。

問：師登師子座，請師唱道情？師曰：晴乾開水道，無事設曹司。曰：恁麼則謝師指示。師曰：賣鞋老婆腳趲趌。

> 晴乾開水道，無事設曹司：晴乾開水道，則雨之時無憂。曹司
> 是官人奉行人。無事時管待他，有事時得他周全。或云：無事時設
> 官人，有事時官人斷。

隨州雙泉郁章

僧問：如何是舒州境？師曰：浣水逆流山露骨。曰：如何是境中人？師曰：地有毒蛇沙有虱。

　　沙有虱：含沙蟲也。含沙射人影，中者生病。

潞府妙勝臻章

僧問：金粟如來為甚麼卻降釋迦會裏？師曰：香山南，雪山北。

　　香山南雪山北：香山，須彌也。山云：濟江之水直到新羅。

饒州薦福承古章

上堂：夫出家者，為無為法，無為法中無利益，無功德。近來出家人，貪著福慧，與道全乖。若為福慧，須至明心；若要達道，無汝用心處。所以常勸諸人，莫學佛法，但自休心。利根者晝時解脫，鈍根者或三五年，遠不過十年。若不悟去，老僧與你入拔舌地獄。參！

　　晝時：即時也。

韶州資福詮章

僧問：不問宗乘，請師心印？師曰：不答這話。曰：為甚麼不答？師曰：不副前言。

　　不答這話：傍瞥語也。答也。

　　不副前言：指附答之言歟？

廣州黃雲元章

問：如何是大漢國境？師曰：歌謠滿路。

　　大漢國：偽漢也。

瑞州黃檗法濟章

僧問：如何是和尚家風？師曰：與天下人作牓樣。問：如何是佛？師曰：眉麤眼大。上堂，良久曰：若識得黃檗帳子，平生行腳事畢。珍重！

　　帳子：僧名帳也。帳，或作杖。

潭州谷山豐章

上堂：駿馬機前異，遊人肘後懸。既參雲外客，試為老僧看。時有僧繞出，師便打。曰：何不早出頭來？便下座。

肘後懸：山云：救病藥方也。

鼎州滄谿璘章

師因事示頌曰：天地之前徑，持人莫疆移。箇中生解會，眉上更安眉。

　　天地之前徑：言天地自然示一路也。

盧州南天王永平章

問：久戰沙塲，為甚麼功名不就？師曰：祇為眠霜臥雪深。曰：恁麼則罷息干戈，束手歸朝去也。師曰：指揮使未到，你在。

　　指揮使：山云：軍陣中指揮眾軍之官也。言束手歸朝，汝未到
　其分也。

湖南湘潭明照章

問：如何是佛法大意？師曰：百惑謾勞神。

　　百惑：多少煩惱也。

西川青城大面山乘章

問：如何是佛法大意？師曰：興義門前鼕鼕鼓。

　　興義門：山云：南唐城門，堯城一同。

韶州大梵圓章

因見聖僧，乃問僧：此箇聖僧年多少？僧曰：恰共和尚同年。師喝曰：這碣斗不易道得。

　　碣斗：山云：碣斗，點慧禪和子也。或作碣斗。碣斗，獨立貌
　也。

信州鵝湖雲震章

問：如何是鵝湖家風？師曰：客是主人相師。曰：恁麼則謝師周旋去也。師曰：難下陳蕃之榻。

　　周旋：追逐也。又慇懃之謂也。

盧山開先清耀章

僧問：如何是燈燈不絕？師曰：青楊飜遞植。曰：學人不會。師曰：無根樹下唱虛名。

　　遞：迭也。謂更易也。或不一列，參差植貌。

襄州奉國清海章

問：放過即東道西說，不放過怎生道？師曰：二年同一春。

> 二年同一春：言去年今年一般者也。

白雲祥禪師法嗣

連州寶華和尚章

問僧：甚處來？曰：大容來。師曰：大容近日作麼生？曰：近來合得一甕醬。師喚沙彌將一椀水來，與這僧照影。因有僧問大容曰：天賜六銖披挂後，將何報答我皇恩？容曰：來披三事衲，歸挂六銖衣。師聞之，乃曰：這老凍儂作恁麼語話。容聞，令人傳語曰：何似奴緣不斷？師曰：比為拋甎，祇圖引玉。

> 奴緣：奴婢緣也。奴緣未斷者，卑拙之謂也。

香林遠禪師法嗣

隨州智門光祚章

上堂：赫日裏我人，雲霧裏慈悲，霜雪裏假褐，雹子裏藏身。還藏得身麼？若藏不得，卻被雹子打破髑髏。

> 赫日裏我人，雲霧裏慈悲，霜雪裏假褐，雹子裏藏身：此四轉
> 語，不久長貌。

洞山初禪師法嗣

潭州福嚴良雅章

因作偈呈曰：五彩畫牛頭，黃金為點額。春晴二月初，農人皆取則。寒食賀新正，鐵錢三五百。山見，深肯之。

> 五彩畫牛頭：立春日作土牛，以五彩畫之。
> 黃金為點額：以黃金書牛字於額也。
> 寒食賀新正：蹉過用處也。
> 鐵錢：南海人使用也。
> 《普燈》注云：《大慧武庫》中，誤引此頌，為洞山初和尚作。
> 後人又誤認初和尚麻三斤，為價和尚語。二俱訛耳。蓋雪竇頌古舉
> 此語中，但曰洞山故也。

清涼明禪師法嗣

吉州西峰雲豁章

嘗有問易中要旨者,師曰:夫神生於無形,而成於有形。從有以至於無,然後能合乎妙圓正覺之道。故自四十九衍,以至於萬有一千五百二十,以窮天下之理,人盡天下之性,不異吾聖人之教也。

> 故自四十九衍,以至於萬有一千五百二十:故自四十九衍,以至於萬有一千五百二十算數也。易曰:大衍之數五十,今言四十九者,其第一以無為一,其一無形故也。大衍之數者,天地數也。萬有一千等者,萬物之數也。

文殊真禪師法嗣

瑞州洞山曉聰章

問:德山入門便棒,猶是起模畫樣;臨濟入門便喝,未免捏目生花。離此二途,未審洞山如何為人?師曰:天晴久無雨,近日有雲騰。曰:他日若有人問洞山宗旨,教學人如何舉似?師曰。園蔬枯槁甚,擔水澆菠陵。

> 菠陵:番菜大者也。

智門祚禪師法嗣

泉州雲臺因章

問:如何是佛?師曰:月不破五。曰:意旨如何?師曰:初三十一。

> 月不破五:才破五,一月便了,又過一月了也。杜詩:二月已破三月來。後承天簡章有月不跨五之語。

德山遠禪師法嗣

秀州資聖院盛勤章

上堂:多生覺悟非干衲,一點分明不在燈。拈拄杖曰:拄杖頭上祖師,燈籠腳下彌勒。須彌山腰鼓細即不問你,作麼生是分明一點?你若道得,無邊剎境總在你眉毛上。你若道不得,作麼生過得羅剎橋?良久曰:水流千派月,山鎖一溪雲。卓拄杖下座。

> 羅剎橋:其處有此橋也。或云:逆境界之謂也。

洞山聰禪師法嗣

南康軍雲居曉舜章

上堂：諸方有弄蛇頭，撥虎尾，跳大海，劍刃裏藏身。雲居這裏，寒天熱水洗腳，夜間脫韡打睡，早朝旋打行纏，風吹籬倒，喚人夫劈篾縛起。

> 劈篾縛起：劈竹縛藩籬也。

《五燈會元》卷第十六

雪竇顯禪師法嗣

越州天衣義懷章

禮明覺於翠峰。覺問：汝名甚麼？曰：義懷。覺曰：何不名懷義？曰：當時致得。覺曰：誰為汝立名。曰：受戒來十年矣。覺曰：汝行腳費卻多少草鞋？曰：和尚莫瞞人好。覺曰：我也沒量罪過，汝也沒量罪過。你作麼生？師無語。覺打曰：脫空謾語漢，出去！

> 脫空：胡亂義也。妄語人也。

上堂：夜來寒霜凜冽，黃河凍結，陝府鐵牛腰折。盡道女媧煉石補天，爭奈西北一缺。如今欲與他補卻，又恐大地人無出氣處。且留這一竅，與大地人出氣。參！

> 女媧煉石補天：《事苑》。
>
> 爭奈西北一缺：言地之西北柱折，故云：天高東南，地傾西北。

上堂：枯桑知天風，海水知天寒。金色頭陀，見處不真。雞足山中，與他看守衣鉢。三千大喩，八百小喩，大似泥裏洗土塊。四十九年，三百六十餘會，摩竭提國猶較些子。

> 枯桑知天風，海水知天寒：《文選》詩句也。五臣注云：知不知
> 也。《祖庭》云：枯桑知天風，海水知天寒，枯桑無桑不知風，海水
> 天寒不氷故，云々。

室中問僧，無手人能行拳，無舌人解言語。忽然無手人打無舌人，無舌人道箇甚麼？又曰：蜀魄連宵叫，鶒鳾終夜啼。圓通門大啟，何事隔雲泥？

> 鶒鳾：夜鳴鳥也。

北禪賢禪師法嗣

洪州法昌倚遇章

上堂：春山青，春水綠，一覺南柯夢初足。攜筇縱步出松門，是處桃英香馥郁。因思昔日靈雲老，三十年來無處討。如今競愛摘楊華，紅香滿地無人掃。

　　　夢初足：乃醒義也。一回醒來時，謂一覺也。

　　　摘楊華：曲名也。或云：揚州后土廟有白華，謂之瓊〔註17〕華。

　　又云：楊華也。

上堂：夜半烏鷄誰捉去？石女無端遭指注。空王令下急搜求，唯心便作軍中主。雲門長驅，溈山隊伍，列五位槍旗，布三玄戈弩。藥山持刀，青原荷斧，石鞏彎弓，禾山打鼓。陣排雪嶺長蛇，兵屯黃檗飛虎。木馬帶毛烹，泥牛和角煮。賞三軍，犒師旅。打葛藤，分露布。截海颺塵，橫山簸土。擊玄關，除微路，多少平人受辛苦。無邊刹海競紛紛，三界聖凡無覓處。無覓處，還知否？昨夜雲收天宇寬，依然帶月啼高樹。

　　　藥山持刀：指，腰下刀問曰：鳴㘞㘞是甚麼？

　　　青原荷斧：鈯斧子公案。

　　　雪嶺長蛇：雪峰示眾云：南山有一條鼈鼻蛇，汝等諸人切須好

　　看。

　　　黃檗飛虎：百丈問黃檗：甚麼處來？大雄山下採菌子來。丈云：

　　還見大蟲麼？檗作大蟲聲。丈拈斧作斫勢。檗與一掌。

　　　木馬帶毛烹，泥牛和角煮：言為兵糧米也。

　　　截海颺塵：截斷之謂也。

　　　橫山簸土：陣雲橫山，散土揚煙之謂也。

　　　微路：微，私云：邊字，今叶義歟，傍邊小徑歟？

上堂：閑來祇麼坐，拍手誰賡和，回頭忽見簸箕星，水墨觀音解推磨。拍手一下曰：還會麼？八十翁翁雖皓首，看看不見老人容。

　　　八十翁翁雖皓首，看看不見老人容：看看（ミルミル），變老

　　成少也。

上堂：法昌今日開爐，行腳僧無一箇。唯有十八高人，緘口圍爐打坐。不是規矩嚴難，免見諸人話墮。直饒口似秤鎚，未免燈籠勘破。不知道絕功勳，妄自脩因證果。喝曰：但能一念回光，定脫一乘羈鎖。

> 十八高人：對十八羅漢說法也。

黃龍南禪師至上堂：拏雲攫浪數如麻，點著銅睛眼便華。除卻黃龍頭角外，自餘渾是赤斑蛇。法昌小剎，路遠山遙，景物蕭疎，遊人罕到。敢謂黃龍禪師曲賜光臨，不唯泉石生輝，亦乃人天欣悅。然雲行雨施，自古自今，其奈爐輔之所鈍鐵尤多，良醫之門病者愈甚。瘥病須求靈藥，銷頑必籍金錐。法昌這裏，有幾箇垛根阿師，病者病在膏肓，頑者頑入骨髓。若非黃龍老漢到來，總是虛生浪死。拈拄杖曰：要會麼？打麵還他州土麥，唱歌須是帝鄉人。

> 打麵還他州土麥，唱歌須是帝鄉人：州土者，麥道地也。或云：
> 非定地名也。

福州廣因擇要章

上堂：王臨寶位，胡漢同風。紐半破三，佛殿倒卓。藏身句即不問，你透出一字作麼生道？拈拄杖曰：春風開竹戶夜雨滴華心。

> 紐半破三：一物為三貌。《事苑》第一云：折半烈三。注曰：折，
> 當從木作析。音錫。劈析也。烈當作列，分解也。烈火盛貌，非義。
> 《普燈》抄：宿云：算法也。或云：十分者，為半分。半分為三分
> 也。言垂機之語也。不在解說〔註18〕。

上堂：古者道：祇恐為僧心不了，為僧心了總輸僧。且如何是諸上座了底心？良久曰：漁翁睡重春潭闊，白鳥不飛舟自橫。

> 祇恐為僧心不了，為僧心了總輸僧：僧若了得心，則還他了事
> 僧。一切總輸與他了事僧也。只要了自心耳。或云：言若云了心，
> 辜負僧也。

杜荀鶴《送僧詩》云：利門名路兩何憑？百歲風前短稻燈。只恐為僧心不了，為僧心了總輸僧。

〔註18〕說：原文作「脫」。

開先暹禪師法嗣

東京智海本逸正覺章

上堂：憶得老僧年七歲時，於村校書處得一法門，超情離見，絕妙絕玄，爰自染神。逾六十載，今日輒出，普告大眾。若欲傳持，宜當諦聽。遂曰：寒原耕種罷，牽犢負薪歸。此夜爐火，渾家身上衣。諸禪德，逢人不得錯舉。

村校書處：村里之勸學院。又云：學校也。最初之學問處也。

自村校學文，後至縣校，後出一國校，後上都及第也。

雲居舜禪師法嗣

明州天童澹交章

上堂：也大奇，也大差，十箇指頭八箇罅。由來多少分明，不用鑽龜打瓦。便下座。

十箇指頭八箇罅：十指有八箇之指間（ユビノマタ）。

鑽龜：燒火筯，以拶破龜甲，見所爆之紋，定吉凶卜之法也。

唐常持龜甲，往門門戶戶賣卜也。

打瓦：聞其聲，以定吉凶也。鑽龜打瓦共疑議之用處也。

九峯韶禪師法嗣

明州大梅法英祖鏡章

宣和初，敕天下僧尼為德士。雖主法聚議，無一言以回上意。師肆筆解老子，詣進。上覽，謂近臣曰：法英道德經解，言簡理詣，於古未有。宜賜入道藏流行。仍就賜冠帔壇誥。不知師意者，往往以其為佞諛。明年秋，詔復天下僧尼，師獨無改志。至紹興初，晨起戴樺皮冠，披鶴氅，執象簡，穿朱履，使擊鼓集眾。陞座召大眾曰：蘭芳春谷菊秋籬，物心榮枯各有時。教毀僧尼專奉道，後平道佞復僧尼。且道僧尼形相作麼生？復取冠示眾曰：吾頂從來似月圓，雖冠其髮不成仙。今朝拋下無遮障，放出神光透碧天。擲之于地，隨易僧服。提鶴氅曰：如來昔日貿皮衣，數載慚將鶴氅披。還我丈夫調御服，須知此物不相宜。擲之。舉象簡曰：為嫌禪板太無端，豈料遭他象簡瞞。今日因何忽放下，普天致仕老仙官？擲之。提朱履曰：達磨攜將一隻歸，兒孫從此赤腳走。借他朱履代麻鞋，休道時難事掣肘。化鵬未遇不如鷗，畫虎

不成反類狗。擲之。橫拄杖曰：今朝拄杖化為龍，分破華山千萬重。復倚肩曰：珍重佛心真聖主，好將堯德振吾宗。擲下拄杖，斂目而逝。

壇誥：道家文書，昇壇文贊等也。休云：壇誥，道教法式也。

亻云：壇上儀式也。

為嫌禪板太無端，豈料遭他象簡瞞：言禪家板尚有嫌之，況道士象簡，有甚麼用處。

化鵬未遇不如鶃：化鵬者，作僧之謂也。鶃者，道士之謂也。言未得為僧而居道家也。

借他朱履代麻鞋：言此間借道士履著之，不穿僧鞋也。

畫虎不成反類狗：虎者僧也。狗者道士也。言欲為僧未為也，卻居道流。

《五燈拔萃》卷七

南嶽下
雲門宗
臨濟宗
黃龍派

天衣懷讓禪師法嗣

東京慧林宗本圓照章

元豐五年，神宗皇帝下詔，闢相國寺六十四院為八禪二律，召師為慧林第一祖。既至，上遣使問勞。閱三日，傳旨就寺之三門為士民演法。翌日，召對延和殿。問道賜坐，師即跏趺。帝問：卿受業何寺？奏曰：蘇州承天永安。帝大悅，賜茶。師即舉盞長吸，又蕩而撼之。帝曰：禪宗方興，宜善開導。師奏曰：陸下知有此道，如日照臨，臣豈敢自怠。即辭退。帝目送之，謂左右曰：真福慧僧也。後帝登遐，命入福寧殿說法。以老乞歸林下，得旨任便雲遊，州郡不得抑令住持。擊鼓辭眾，說偈曰：本是無家客，那堪任意遊。順風加艣棹，船子下揚州。既出都城，王公貴人送者車騎相屬。師臨別誨之曰：歲月不可把玩，老病不與人期，唯勤脩勿怠，是真相為。聞者莫不感涕。晚居靈巖，其嗣法傳道者，不可勝紀。

> 八禪二律：一寺中有六十四院。今始合之為十。所謂八禪二律，
> 是也。或云：八禪二律，誤也，二禪也。或云：闢六十四院為八。
> 禪二律六也。慧林，興教之二寺也。

> 那堪任意遊：至極遊得也。

> 船子下揚州：順風西行也。大江之水，自西北來。揚州在南，
> 水甚順也。

僧問：如何是祖師西來意？師曰：韓信臨朝。曰：中下之流，如何領會？師曰：伏屍萬里。曰：早知今日事悔不慎當初。師曰：三皇塚上草離離。

> 三皇塚上草離離：祖庭《事苑》，說者，指眉間尺事。欲以成褫
> 前話。即三皇之說，未見所出。當云：楚皇塚上草離離。

上元日，僧問：千燈互照，絲竹交音？正恁麼時佛法在甚麼處？師曰：謝布施。曰：莫便是和尚為人處也無？師曰：大似不齋來。

> 大似不齋來：言空腹人。（大イニ，齋セズシテ來タルニ似タ
> リ）。

上堂：於一毫端現寶王剎，坐微塵裏轉大法輪。拈起拄杖曰：這箇是塵，作麼生說箇轉法輪底道理？山僧今日不惜眉毛，與汝諸人說破。拈起也。海水騰波，須彌岌岌，放下也，四海晏清，乾坤肅靜。敢問諸人，且道拈起即是，放下即是？當斷不斷，兩重公案。擊禪牀，下座。

> 當斷不斷，兩重公案。擊禪牀，下座：一擊已斷了。

臨安府佛日智才章

上堂，舉栢樹子話。師曰：趙州庭栢，說與禪客。黑漆屏風，松欞亮隔。

> 黑漆屏風松欞亮隔：《吳錄》：紀陟，字子上，丹陽人。吳主孫
> 休時，其父亮為尚書，而陟為中書令，每朝詔以屏風隔其座。舊注
> 引《宣城記》云：隔以雲母屏風。或云：亳隔者，明（アカリ）障
> 子，築立障子等也，畫松欞也。或作松欞，皆所畫者也。無準上堂。
> 佛祖命脈，洞然明白，黑漆屏風，松欞亮隔。今以此看之，表裏分
> 明者耶。未必用故事。

廬山棲賢智遷章

僧問：一問一答，盡是建化門庭。未審向上更有事也無？師曰：有。曰：
如何是向上事？師曰：雲從龍，風從虎。曰：恁麼則龍得水時添意氣，虎逢山
則長威獰。師曰：興雲致雨又作麼生？僧喝。師曰：莫更有在。僧擬議，師咄
曰：念話杜家。

> 念話杜家：山云：叱其僧也。只是學語之流，村社之人也。

上堂：是甚麼物，得恁頑頑囂囂，睏睏睍睍？拊掌呵呵大笑曰：今朝巴
鼻，直是黃面瞿曇通身是口，也分疎不下。久立！

> 睏睏睍睍：林云：睏睍，面敘邪貌。古語云：頑囂少智，睏睍
> 多癡。

臨安府法雨慧源章

僧曰：如何是最初一句？師曰：梁王不識。曰：如何是末後一句？師曰：
達磨渡江。

> 最初一句，末後一句：提攜門大悟等也。末後一句者，妙有真
> 空也。四料簡，四賓主者，提攜大悟妙有真空等也。每句相當也。

報本蘭禪師法嗣

邢州開元法明上座

依報本未久，深得法忍。後歸里事落魄，多嗜酒呼盧。每大醉唱柳詞數
闋，日以為常。鄉民侮之，召齋則拒，召飲則從。如是者十餘年。咸指曰：醉
和尚。一日謂寺眾曰：吾明旦當行汝等無他往。眾竊笑之。翌晨，攝衣就座，

大呼曰：吾去矣，聽吾一偈。眾聞奔視，師乃曰：平生醉裏顛蹶，醉裏卻有分別。今宵酒醒何處？楊柳岸曉風殘月。言訖寂然，撼之已委蛻矣。

> 法忍：《五門禪經》云：於一切眾生，忍辱不嗔，是名眾生忍。
>
> 得眾生忍者，易得法忍。得此忍者，所謂諸法不生不滅，畢竟空相，
>
> 能信受是法忍者，是名無生忍。
>
> 呼盧：博奕也。

智海逸禪師法嗣

福州大中德隆海印章

上堂：法無異法，道無別道。時時逢見釋迦，處處撞著達磨。放步即交肩，開口即齩破。不齩破，大小大。

> 大小大：此間，イカメシゲナリ。私云：載人詞。

上堂：夫欲智拔，先須定動。卓拄杖曰：唵嚩嚧，噁唎娑婆訶。歸堂喫茶。

> 夫欲智拔，先須定動：《涅槃經》云：先以定動，後以慧拔。定
>
> 如轉賊，慧如殺賊。定慧並運日足更資，到清涼也，保無留難。

上堂：觸境無滯底，為甚麼擡頭不起？田地穩密底，為甚麼下腳不得？譬如天王賜與華屋，雖獲大宅，要因門入。乃曰：門聻？樊噲踏開真主出，巨靈擡手錦鱗噴。參！

> 譬如天王賜與華屋，雖獲大宅，要因門入：經曰：注天王佛也，
>
> 賜與開示也。華屋藏體也。雖獲信解之門，入脩行之行能通理故云
>
> 門。

上堂：平旦寅曉何人？處處彌陀佛，家家觀世音。月裏麒麟看北斗，向陽椑子一邊青。

> 向陽椑子一邊青：休云：椑子，柿也。背陽方青也。

簽判劉經臣居士，字興朝。少以逸才登仕版，於佛法未之信。年三十二，會東林照覺總禪師與語，啟迪之，乃敬服，因醉心祖道。既而抵京師，謁慧林沖禪師，於僧問雪竇：如何是諸佛本源？答曰：千峰寒色，語下有省。薉餘官雒幕，云々。

> 仕版：山云：官爵之帳曆也。
>
> 雒幕：山云：洛下為下官僚。幕，小官也。

蔣山泉禪師法嗣

清獻公趙抃居士

字悅道，年四十餘，擯去聲色，系心宗教。會佛慧來居衢之南禪，公日親之，慧未嘗容措一詞。後典青州，政事之餘，多宴坐。忽大雷震驚，即契悟作偈曰：默坐公堂虛隱几，水源不動湛如水。一聲霹靂頂門開，喚起從前自家底。慧聞笑曰：趙悅道撞彩耳。富鄭公初於宗門，未有所趣，公勉之書曰：伏惟執事，富貴如是之極，道德如是之盛，福壽康寧如是之備，退休閑逸如是之高，其所未甚留意者，如來一大事因緣而已。能專誠求所證悟，則他日為門下賀也。公年七十有二，以太子少保致仕而歸。親舊里民，遇之如故。作高齋以自適，題偈見意曰：腰佩黃金已退藏，箇中消息也尋常。世人欲識高齋老，祇是柯村趙四郎。復曰：切忌錯認。臨薨遺佛慧書曰：非師平日警誨，至此必不得力矣。慧悼以偈曰：仕也邦為瑞，歸歟世作程。人間金粟去，天上玉樓成。慧劍無纖缺，冰壺徹底清。春風瀫水路，孤月照雲明。

撞彩：山云：忽然逢得好事也。撞著好事也。

柯村：公ノ出處也。

瀫水：地ノ名。

慧林本禪師法嗣

東京法雲善本大通章

問：九夏賞勞即不問，從今向去事如何？師曰：光剃頭淨洗鉢。曰：謝師指示。師曰：滴水難消。

九夏賞勞：賞勞，ネギラウ也。解夏之時，說所證之法，求賞勞也。以佛法學者ヲモテナス也。

光剃頭淨洗鉢：光剃頭，キラキラト剃頭タル貌。淨洗鉢，清淨義也。言衲子之得大自在處，日用三昧也。

秀州本覺寺守一法真章

僧問：如何是句中玄？師曰：崑崙騎象藕絲牽。

崑崙：崑崙人也。色黑如鬼神也。

上堂：折半列三，人人道得。去一拈七，亦要商量。正當今日，雲門道底不要別，作麼生露得箇消息？良久曰：日月易流。

折半列三：《事苑》第一云：折，當从木作析。音錫。劈析也。
烈當作列，分解也。烈火盛貌，非義。《普燈》抄，宿云：算法也。
今涉是非，落二三義也。

法雲秀禪師法嗣

東京法雲惟白佛國章

上堂。離婁有意，白浪徒以滔天。罔象無心，明珠忽然在掌。以手打一
圓相，召大眾曰：還見麼？良久曰：看即有分。

看即有分：未許義也。（看ルコトハ即チ分有リ）。

天鉢元禪師法嗣

衛州元豐院清滿章

上堂：看看堂裏木師伯，被聖僧打一摑，走去見維那，被維那打兩摑。
露柱呵呵笑，打著這師伯。元豐路見不平與你雪。正拈拄杖曰：來！來！然
是聖僧也須喫棒。擊香臺下座。

木師伯：或云：僧堂必有主丈。木師伯（モクスホ）。

上堂：此劍刃上事，須劍刃上漢始得。有般名利之徒，為人天師，懸羊
頭賣狗肉，壞後進初機，滅先聖洪範。你等諸人聞恁麼事，豈不寒心。由是疑
惧眾生，墮無間獄。苦哉！苦哉！取一期快意，受萬劫餘殃。有甚麼死急，
來為釋子？喝曰：瞞人徒側耳。便下座。

死急：死スル程ニ急ナル事也。

法雲本禪師法嗣

臨安府淨慈楚明寶印章

上堂：若論此事，如散鋪寶貝，亂堆金玉。昧已者自甘窮困，有眼底信
手拈來。所以道閻浮有大寶，見少得還稀。若人將獻我，成佛一餉時。乃拈拄
杖曰：如今一時呈似，普請大眾高著眼。擲拄杖，下座。

散鋪寶貝，亂堆金玉：鋪，乃市店也。亂堆，乃散亂而疊立謂
也。

一餉時：少間（シバラク）之意也。或云：一食頃也。

真州長蘆道和祖照章

僧問：無遮聖會，還有不到者麼？師曰：有。曰：誰是不到者？師曰：金剛腳下鐵崑崙。

> 無遮聖會：無遮者，無厭之謂也。大唐佛事，有無遮大會，水陸會。一切聖賢皆集會，無遮障也。上供天地佛神鬼，下至魚龍鳥獸也。

問：不許夜行投明須到，意旨如何？師曰：羊頭車子推明月。曰：便恁麼去時如何？師曰：鐵門路嶮。

> 羊頭車子推明月：大休云：揚州平地之境，用羊頭車子，載物一人推之。車頭相似羊頭，曉夜行。或云：城市中賣物人造車，形似羊頭，名羊頭車也。又云：言手車也。以木作羊頭牽之。

問：一槌兩當時如何？師曰：踏藕得魚歸。

> 踏藕得魚歸：二共得歸也。

問：教外別傳，未審傳箇甚麼？師曰：鐵彈子。問：百城遊罷時如何？師曰：前頭更有趙州關。

> 趙州關：《事苑》云：諗和尚示眾云：趙州關也難過。僧云：如何是趙州關？師云：石橋是。

福州雪峰思慧妙湛章

僧問：古殿無燈時如何？師曰：東壁打西壁。曰：恁麼則撞著露柱也。師曰：未敢相許。

> 東壁打西壁：寒山詩句也。或云：對義也。

上堂：一法若通，萬緣方透。拈拄杖曰：這裏悟了，提起拄杖，海上橫行。若到雲居山頭，為我傳語雪峰和尚。咄。

> 傳語雪峰和尚：未必雪峰在雲居。大參差也。此乃機語也。

上堂：昔日藥山早晚不參，動經旬月。一日，大眾纔集，藥山便歸方丈。諸禪德，彼時佛法早自淡薄，論來猶較些子。如今每日鳴鼓陞堂，忉忉怛怛地。問者口似紡車，答者舌如霹靂。總似今日，靈山慧命殆若懸絲，少室家風危如累卵。又安得箇慨然有志，扶豎宗乘底衲子出來？喝散大眾，非唯耳邊靜辯，當使正法久住，豈不偉哉？如或捧上不成龍，山僧倒行此令，以拄杖一時趂散。

口似紡車：山云：喧喧地。

靜辨：俗諺也。閑靜無事謂之靜辨也。

上堂：南詢諸友，踏破草鞋，絕學無為，坐消日月。凡情易脫，聖解難忘。但有纖毫，皆成滲漏。可中為道，似地擎山。應物現形，如驢覷井。縱無計較，途轍已成。若論相應，轉沒交涉。勉諸仁者，莫錯用心。各自歸堂，更求何事？

可中為道，似地擎山。應物現形，如驢覷井：驢覷井。乃無分曉也。大概擎山而不知山孤峻，驢覷井而不辨水源淺。取而忘所得義也。

鄭州資福法明寶月章

上堂：若論此事，譬如伐樹得根，灸病得穴。若也得根，豈在千枝徧斫？若也得穴，不假六分全燒。以拄杖卓一下，曰：這箇是根，那箇是穴？擲下拄杖曰：這箇是穴，又喚甚麼作根？咄！是何言歟？

不假六分全燒：大休云：灸人時，探得病穴，不假六分全燒。

六分者四足并頭身也。

潭州雲峰志璿祖燈章

上堂，僧問：如何是西來意？師曰：築著額頭磕著鼻。曰：意旨如何？師曰：驢駝馬載。曰：向上還有事也無？師曰：朝到西天，暮歸唐土。曰：謝師答話。師曰：大乘砑郎當。僧退，師乃曰：僧問西來意，築著額頭磕著鼻，意旨又如何？驢駝并馬載，朝到西天暮歸唐，大乘恰似砑郎當。何故？沒量大人，被語脈裏轉卻。遂拊掌大笑，下座。

大乘砑郎當：大乘者，覺云：大謂也。砑郎當者，乃無分曉而作勢之謂也。又云：十分狼藉也。又云：作事不伶俐也。或云：醜貌也。

不事事也。已上《普燈》抄。元抄云：大乘者，今所住寺號也。

問：德山入門便棒，意旨如何？師曰：束杖理民。曰：臨濟入門便喝，又作麼生？師曰：不言而化。曰：未審和尚如何為人？師曰：一刀兩段。

束杖理民：乃州縣之官，治民有其法也。今封杖而不用鞭笞也。

問：無縫鐵門，請師一啟？師曰：進前三步。曰：向上無關，請師一閉。師曰：退後一尋。曰：不開不閉，又作麼生？師曰：吽吽。便打。

吽吽：不肯他之語聲耳。

安吉州道場有規章

上堂，拈拄杖曰：還見麼？窮諸玄辯，若一毫置於太虛。竭世樞機，似一滴投於巨壑。德山老人雖則焚其疏鈔，也是賊過後張弓。且道文彩未彰以前，又作麼生理論？三千劍客今何在？獨許莊周致太平。

> 三千劍客：昔趙文王喜劍。劍士夾門三千餘人。日夜相擊於前。
> 死傷者數百餘人好之不厭。如是三年國衰。諸侯謀之。太子悝患之。
> 奉千金賜《莊子》上說。《莊子》陳三劍云：有天子劍，有諸侯劍，
> 有庶人劍。今大王有天之位，而好庶人劍。臣竊為大王薄之云云。
> 《事苑》第一。《莊子・說劍篇》。

化士出問：促裝已辦，乞師一言？師曰：好看前路事，莫此在家時。曰：恁麼則三家村裏十字街頭等箇人去也。師曰：照顧打失布袋。

> 等箇人去也：言布袋之語也。

金山寧禪師法嗣

吉州禾山用安章

僧問：蓮華未出水時如何？師曰：魚挨鼇倚。曰：出水後如何？師曰：水仙頭上戴，好手絕躋攀。曰：出與未出時如何？師曰：應是乾坤措，不教容易看。

> 水仙頭上戴：大休云：水仙者水神。水神頭上戴蓮時，好手難
> 躋攀。

鄧州香嚴智月海印章

僧問：法雷已震，選佛塲開？不昧宗乘，請師直指。師曰：三月三日時，千華萬華拆。曰：普天匝地承恩力，覺苑仙葩一夜開。師曰：切忌隨他去。乃曰：判府吏部，此日命山僧開堂祝聖，紹續祖燈。祇如祖燈作麼生續？不見古者道，六街鐘鼓響鼕鼕，即處鋪金世界中。池長支芰荷庭長栢，更將何法演真宗？恁麼說話，也是事不獲已。有旁不肯底出來，把山僧拽下禪牀，痛打一頓，許伊是箇本分衲僧。若未有這箇作家手腳，切不得草草匆匆，勘得腳跟下不實，頭沒去處，卻須倒喫香嚴手中钁

> 即處鋪金世界中：鋪金，指祇園精舍也。即處，當處義也。須
> 陀長者於祇陀太子園。方四十里布金以買此園，造精舍也。

丞相當弼居士

字彥國，由清獻公警勵之後，不舍晝夜，力進此道。聞顓禪師主投子，法席冠淮甸，往質所疑。會顓為眾登座，見其顧視如象王回旋。公微有得，因執弟子禮，趨函丈，命侍者請為入室。顓見即曰：相公已入來，富弼猶在外。公聞汗流浹背，即大悟，尋以偈寄圓照本曰：一見顓公悟入深，夤緣傳得老師心。東南謾說江山遠，目對靈光與妙音。後奏署顓師號。顓上堂謝語，有曰：彼一期之惧我，亦將錯而就錯。公作偈讚曰：萬木千華欲向榮，臥龍猶未出滄溟。彤雲彩霧呈嘉瑞，依舊南山一色青。

> 相公已入來，富弼猶在外：指，失本分之處也。《普燈》云？奉顓得證悟師名，遣子普送至顓上堂云云。

福州鼓山體淳禪鑒章

上堂：由基弓矢，不射田蛙。任氏絲綸，要投溟渤。發則穿楊破的，得則脩鯨巨鰲。隻箭既入重城，長竿豈釣淺水。而今莫有吞鈎齧鏃底麼？若無，山僧卷起絲綸，拗折弓箭去也。擲拄杖，下座。

> 隻箭既入重城：鼓山晏國師出世，起他處。雪峰云：一隻聖箭子，射入九重城中。今鼓山取寄云也。指自身云隻箭。

東京慧林懷深慈受章

蔣山佛鑑勤禪師行化至，茶退，師引巡寮，至千人街坊，鑑問：既是千人街坊，為甚麼祇有一人？師曰：多虛不如少實。鑑曰：恁麼那。師赧然。

> 千人街坊：耆宿眾會，分岐化行所，聚會之房也。額云：千人街坊。言化主僧所也。

問：甚麼人不被無常吞？師曰：祇恐他無下口處。曰：恁麼則一念通玄箭，三尸鬼失殍也。師曰：汝有一念，定被他吞了。曰：無一念時如何？師曰：捉著闍黎。

> 一念通玄箭，三尸鬼失殍：山云：一身有三身。鬼常尋人過患，以告天帝。此道家所說也。言通玄箭者，指自己本來箭也。明自己則三鬼失使也。一箭一蓮華。佛因位時，外道射佛，箭箭皆成蓮華。

平江府萬壽如璵證悟章

開堂日，僧問：如何是蘇臺境？師曰：山橫師子秀，水接太湖清。曰：如何是境中人？師曰：衣冠皇宋後，禮樂大周前。

衣冠皇宋後，禮樂大周前：言雖著宋以後之衣，正行大周以前之禮也。イ云：自宋高宗時衣冠禮盛也。自大周時禮樂盛也。

臨安府廣福院惟尚章

初參覺印，問曰：南泉斬貓兒，意旨如何？印曰：須是南泉始得。印以前語詰之，師不能對。至僧堂，忽大悟曰：古人道，從今日去，更不疑天下老和尚舌頭，信有之矣。述偈呈印，曰：須是南泉第一機，不知不覺驀頭錐。覷面若無青白眼，還如鸕鷀守空池。舉未絕，印豎拳曰：正當恁麼時作麼生？師掀倒禪牀，印遂喝。師曰：賊過後張弓。便出。

鸕：正鴟。古闍切。鳥聲。鷀，鈍鳥也。水中食魚之鳥也。愚癡之謂也。

盧州開先宗禪師和尚章

上堂：一不做二不休。捩轉鼻孔，捺下雲頭。禾山解打鹽官鼓，僧繇不寫戴嵩牛。盧陵米投子油，雪峰依舊輥雙毬。夜來風送衡陽信，寒鴈一聲霜月幽。

僧繇不寫戴嵩牛：僧繇能畫佛像等，畫牛不如戴嵩也。

福州雪峰宗演圓覺章

辭眾日，僧問：如何是臨岐一句？師曰：有馬騎馬，無馬步行。曰：途中事作麼生？師曰：賤避貴。

賤避貴：周禮文也。輕避重。言輕擔者避重擔者令行之。唐土，於路頭書斯詞也。言賤人避路，先令貴人行之也。

上堂：遣迷求悟，不知迷是悟之鉗鎚。愛聖僧凡，不知凡是聖之鑪鞴。祇如聖凡雙泯，迷悟俱忘一句作麼生道？半夜彩霞籠玉像，天明峰頂五雲遮。

籠玉像：偏位也。

五雲：言五色之雲。

明州岳林真章

上堂：古人道，初秋夏末，合有責情三十棒。嶽林則不然。靈山會上，世尊拈華，迦葉微笑。正當恁麼時，好與三十棒。何故？如此大平時節，強起干戈，教人吹大法螺，擊大法鼓。舉步則金蓮躘踵〔註1〕，端居則寶座巍峨。梵

〔註1〕躘踵：二字原文模糊。

王引之於前，香華繚繞，帝釋隨之於後，龍象駢羅。致令後代兒孫，遞相傚敩〔註2〕。三三兩兩，皆言出格風標。劫劫波波，未肯歸家穩坐。鼓脣搖舌，宛如鐘磬笙竽。奮臂點胸，何啻稻麻竹葦？更逞遊山翫水，撥草瞻風，人前說得石點頭，天上飛來華撲地，也好與三十棒。且道坐夏賞勞，如何酬獎？良久曰：萬寶功成何厚薄？千鈞價重自低昂。

> 劫劫波波：山云：太忽忽也。或云：奔走貌也。

> 千鈞價重自低昂：其價有高低也。

臨安府淨慈月堂道昌佛行禪師和尚章

僧問：大用現前，不存軌則時如何？師曰：張家兄弟太無良。曰：恁麼則一切處皆是去也。師曰：莫唐突人好。

> 莫唐突人：無禮之義也。言輕慢他人，加以無禮也。

福州雪峰宗演圓覺章

問：如何是從上宗門中事？師曰：一畝地。曰：便恁麼會時如何？師曰：埋沒不少。

> 一畝地：言一坐具地也。

歲旦上堂，舉佛子曰：歲朝把筆，萬事皆吉。忽有箇漢出來道，和尚，這箇是三家村裏保正書門底，為甚麼將來華王座上當作宗乘？祇向他道，牛進千頭，馬入百疋。

> 保正書門：或云：保正者，日本之郡司也。覺云：保郡也，正郡守也。鄉村中一鄉之主，名保正里正。

> 牛進千頭，馬入百疋：富家如此。或云：是祝言也。正月書貼門也。

泉州九座慧邃章

上堂：九座今日向孤峰絕頂駕一隻鐵船，截斷天下人要津，教他揮篙動棹不得。有箇錦標子，且道在甚麼人手裏？拈拄杖曰：看！看！向道是龍剛不信，等閑奪得始驚人。

> 錦標子：鬭快龍舟，則泛錦旗於遠水，兩舟相爭，先到者取之。如此為勝也。

〔註2〕敩：字漫糊不清。

　　　　請訛：莊子，善惡也。ヨシワルシ。

秀州資聖元祖章

如何是僧？師曰：披席把椀。

　　　　披席把椀：卑賤之謂也。東云：喫飯之謂也。

瑞州黃檗惟初章

上堂：我見宗大哥，平生槁默危坐，所謂朽木形骸，未嘗口角誂誂，將佛祖言教以當門庭。祇要當人歇得，十成自然，不向這殼漏子上著到。有僧問：既不向這殼漏子上著到，未審如何保任？師曰：無你用心處。曰：和尚豈無方便？師曰：鏊餅既無汁，壓沙那有油。

　　　　誂：女交切。爭也。又恚呼也。

　　　　鏊：五高五到二切。如煎盤也。言燒餅也。

福州西禪慧舜章

上堂：五日一參，三八普說。千說萬說，橫說豎說。忽有箇漢出來道，說即不無，爭奈三門頭兩箇不肯？山僧即向他道，瞎漢若不得他兩箇，西禪大似不遇知音。

　　　　三門頭兩箇：二金剛也。

《五燈會元》卷第十七

石霜圓禪師法嗣

隆興府黃龍慧南章

後開法同安。初受請日，泐潭遣僧來審，師提唱之語，有曰：智海無性，因覺妄而成凡。覺妄元虛，即凡心而見佛。便爾休去，將謂同安無折合，隨汝顛倒所欲。南斗七，北斗八。僧歸，舉似澄，澄不懌。自是泐潭舊好絕矣。
〔註3〕

　　　　南斗七北斗八：南斗則其數六，北斗則其數七。故云。

問：牛頭未見四祖時，為甚麼百鳥銜華獻？師曰：釘根桑樹，闊角水牛。曰：見後為甚麼不銜華？師曰：裩無襠，袴無口。

_____

〔註3〕拔萃原文未抄，此補上。

　　　　釘根桑樹，闊角水牛：山云：深固也。闊角水牛，有力也。

　　問：無為無事人，猶是金鎖難？未審過在甚麼處？師曰：一字入公門，九牛車不出。曰：學人未曉，乞師方便。師曰：大庾嶺頭，笑卻成哭。

　　　　一字入公門，九牛車不出：一言一字向公方，則其言再難返之

　　謂也。別有子細，參可知也。車不出，林云：車牽也。

　　問：一不去二不住，請師道？師曰：高祖殿前樊噲怒。曰：恁麼則今日得遇和尚也。師曰：仰面看天不見天。

　　　　一不去二不住：離卻一二請師道，之謂也。或云：存一不住二

　　之謂也。亻云：一不成二不是，之謂也。

　　上堂：有一人朝看《華嚴》，暮觀《般若》，晝夜精勤，無有暫暇。有一人不參禪，不論義，把箇破蓆日裏睡。於是二人同到黃龍，一人有為，一人無為。安下那一箇即是？良久曰：功德天，黑暗女，有智主人，二俱不受。

　　　　安下：安置之義也。

　　上堂：半夜捉烏雞，驚起梵王睡。毘嵐風忽起，吹倒須彌山。官路無人行，私酒多人喫。當此之時，臨濟德山開得口，張得眼，有棒有喝用不得。汝等諸人各自尋取祖業契書，莫認驢鞍橋作阿爺下頷。

　　　　半夜捉烏雞：方語，無分曉也。

黃龍南禪師法嗣

隆興府黃龍祖心寶覺禪師和尚章

　　上堂：不與萬法為侶，即是無諍三昧，便恁麼去，爭奈絃急則聲促？若能向紫羅帳裏撒真珠，未必善因而招惡果。

　　　　紫羅帳裏撒真珠：方語，盡情分附。山云：方便。

江州東林興龍寺常總照覺章

　　上堂：老盧不識字，頓明佛意，佛意離文墨故。白兆不識書，圓悟宗乘，宗乘非言詮故。

　　如此老婆心，分明入泥水。今時人猶尚抱橋柱澡洗，把纜放船。良久曰：爭怪得老僧？

　　　　白兆不識書：白兆，白兆山圓禪師也。圓嗣感潭資國，資國嗣

　　德山。

隆興府寶峯克文雲菴真淨章

問：江西佛手驢腳接人，和尚如何接人？師曰：鮎魚上竹竿。曰：全因今日。師曰：烏龜入水。

鮎魚上竹竿：言和尚如何接人。

問：新豐吟雲門曲，舉世知音能和續？大眾臨筵，願清耳目。師以右手拍禪牀，僧曰：木人拊掌，石女揚眉。師以左手拍禪牀，僧曰：猶是學人疑處。師曰：何不腳跟下薦取？僧以坐具一拂，師曰：爭奈腳跟下何？

新豐吟雲門曲：指，巖頭也。諸祖之偈頌中在之。

問：遠遠馳符命，禪師俯應機。祖令當行也，方便指羣迷。師曰：深。曰：深意如何？師曰：淺。曰：教學人如何領會？師曰：點。

馳符命：符帖也。

問：馬祖下尊宿，一箇箇阿漉漉地，唯有歸宗老較些子？黃龍下兒孫，一箇箇硬剌剌地，祇有真淨老師較些子。學人恁麼還扶得也無？師曰：打疊面前搕撞。卻曰：若不同牀睡焉知被底穿。師不答。僧曰：這箇為上上根人，忽遇中下之流，如何指接？師亦不答。僧曰：非但和尚憼懅，學人亦乃一場敗缺。師曰：三十年後悟去在。

硬剌剌地：兩樣之用處也。今無用義歟？

上堂：此事如醫家驗病方，且雜毒滿腹未易攻治，必瞑眩之藥而後可瘳。就令徇意投之，適足狂惑，增其沈痼。求其已病，不亦左乎？法堂前草深，於心無媿。

求其已病：師古云：已謂病癒也。

潭州雲蓋守智章

遊方至豫章大寧，時法昌遇禪師韜藏西山，師聞其飽參，即之昌。問曰：汝何所來？師曰：大寧。又問：三門夜來倒，汝知麼？師愕然，曰：不知。昌曰：吳中石佛，大有人不曾得見。師惘然，即展拜。昌使謁翠巖真禪師。雖久之無省，且不舍寸陰。及謁黃龍於積翠，始盡所疑。

吳中石佛：山云：石佛在吳中。或云：平江府開元瑞光寺，有二石佛，乃迦維衛佛。自海上浮來，到今存焉，名吳中石佛〔註4〕像也。言雖在目前總人不知也。

〔註4〕吳中石佛：原文作兩豎線。

上堂，舉趙州問僧：向甚麼處去？曰：摘茶去。州曰：閑。師曰：道著不著，何處摸索？背後龍鱗，面前驢腳。飜身筋斗，孤雲野鶴。阿呵呵！

　　道著不著：道イ著（ウ）ルト著ザルト。

隆興府泐潭洪英章

上堂：釋迦老子，當時一手指天，一手指地，云天上天下，唯我獨尊。釋迦老子，旁若無人。當時若遇箇明眼衲僧，直教他上天無路，入地無門。然雖如是，也須是銅沙鑼裏滿盛油始得。

　　銅沙鑼裏滿盛油：方語，不得動著。罰罪人法也。《鈔》云：銅
　　鑼滿盛油，一丁或二丁，令步步傾一滴則罰之。

廬山歸宗志芝菴主章

一日普請罷，書偈曰：茶芽蔴蕻初離焙，筍角狼忙又吐泥。山舍一年春事辦，得閑誰管板頭低？由是衲子親之。

　　蔴：辭彙，鹿草，一名萱草。
　　蕻：蕻菜謂之蕻。郭璞云：菜茹之總名。
　　狼忙：急也。
　　誰管板頭低：言得閑不論板頭高下破壞也。不謂徒事也。《普燈
　　抄》。

黃龍心禪師法嗣

隆興府黃龍死心悟新章

問：弓箭在手，智刃當鋒，龍虎陣圓，請師相見？師曰：敗將不斬。曰：恁麼則銅柱近標脩水側，鐵關高鏁鳳凰峯。師曰：不到烏江未肯休。曰：若然者七擒七縱正令全提。師曰：棺木裏睜眼。僧禮拜，師曰：苦！苦！

　　脩水與〔註5〕鳳凰峯：並在分寧，分寧即隆興府。
　　棺木裏睜眼：死人作伎倆，曾無勢也。

上堂：行腳高人解開布袋，放下鉢囊，去卻藥忌，一人所在須到，半人所在須到，無人所在也須親到。

　　藥忌：有藥必有忌物。二種皆相去也。服藥之人，必有所忌，
　　故皆去之也。

〔註5〕與：原文作「与」。

上堂：拗折拄杖，將甚麼登山渡水？拈卻鉢盂匙箸，將甚麼喫粥喫飯？不如向十字街頭東卜西卜。忽然卜著，是你諸人有彩，若卜不著也，怪雲巖不得。

> 有彩：有祥謂也。乃有運命之謂也。

上堂：文殊騎師子，普賢騎象王。釋迦老子足躡紅蓮，且道黃龍騎箇甚麼？良久曰：近來年老，一步是一步。

> 一步是一步：私曰：年老故，不能奔騰跳梁之謂歟？或云：毫釐不差異用處也。

上堂：三世諸佛，不知有恩無重報，狸奴白牯，卻知有功不浪施。明大用，曉全機。絕蹤跡，不思議。歸去好，無人知。衝開碧落松千尺，截斷紅塵水一溪。

> 有恩無重報：一酬而足，未必再之。

東林總禪師法嗣

隆興府泐潭草堂善清章

僧問：牛頭未見四祖時如何？師曰：京三卞四。曰：見後如何？師曰：灰頭土面。曰：畢竟如何？師曰：一場懡㦬。

> 京三卞四：覺云：人姓也，猶張三李四也。山云：方語云：丁一卓二，京三卞四，猶未詳。大休云：建帝都列府內地形，荊三卞四，荊與京音同。或云：爭地形殊勝，荊州第三番，卞州第番也。

開堂上堂，舉浮山遠和尚云：欲得英俊麼，仍須四事俱備，方顯宗師蹊徑。何謂也？一者祖師巴鼻，二具金剛眼睛，三有師子爪牙，四得衲僧殺活拄杖。得此四事，方可縱橫變態，任運卷舒，高聳人天，壁立千仞。儻不如是，守死善道者，敗軍之兆。何故？棒打石人，貴論實事。

> 守死善道：《論語》無此四事，不知通變者，乃守死善道之人。
> 言不階此者也。

漢州三聖繼昌章

木佛不度火，甘露臺前逢達磨。惆悵洛陽人未來，面壁九年空冷坐。金佛不度爐，坐歎勞生走道途。不向華山圖上看，豈知潘閬倒騎驢。泥佛不度水，一道靈光照天地。堪羨玄沙老古錐，不要南山要鼈鼻。

甘露臺前逢達磨：山云：鎮江府甘露寺也。甘露臺，潤州。達磨始至金陵見武帝，金陵未有之，鳳凰臺有之。疑喚甘露井作甘露臺歟？

隆興府泐潭應乾章

上堂：靈光洞燿，迴脫根塵。體露真常，不拘文字。心性無染，本自圓成。但離妄緣，即如如佛。古人恁麼道，殊不知是箇坑穽，貼肉汗衫脫不去，過不得，直須如師子兒壁立千仞，方能勦絕去。然雖如是，也是布袋裏老鴉。拍禪牀，下座。

脫不去：不淨之衫也。過不得坑穽。

布袋裏老鴉：方語，雖生如死。

紹興府象田梵卿章

僧問：大悲菩薩用許多手眼作甚麼？師曰：富嫌千口少。曰：畢竟如何是正眼？師曰：從來共住不知名。

富嫌千口少：言人心無滿時。無歉也。

東京褒親旌德院有瑞佛海章

上堂：有佛世界，以一塵一毛而作佛事，令見一法者而具足一切法，故權為架閣。有佛化內，以忘言寂默為大佛事，使其學者離一切相，即名諸佛，故好與三下火抄。有佛土中，以黃華翠竹而為佛事，令覷相者見色即空，故且付與彌勒。有佛寶剎，以法空為座而示佛事，俾其行人不著佛求，故勘破了勾下。有佛道場，以四事供養而成佛事，使知足者斷異念，故可與下載。有佛妙域，以一切語言三昧作其佛事，令隨機入者不捨動靜，故為渠裝載大眾。且道於中還有優劣也無？良久曰：到者須知是作家。參。

有佛世界以下至終：《華嚴經》作佛事品文也。就其中，著語也。

內翰東坡居士蘇軾

因宿東林，與照覺論無情話，有省。黎明獻偈曰：溪聲便是廣長舌，山色豈非清淨身。夜來八萬四千偈，他日如何舉似人？未幾抵荊南，聞玉泉皓禪師機鋒不可觸，公擬抑之，即微服求見。泉問：尊官高姓？公曰：姓秤，乃秤天下長老底秤。泉喝曰：且道這一喝重多少？公無對，於是尊禮之。後過

金山，有寫公照容者，公戲題曰：心似已灰之木，身如不繫之舟。問汝平生功業，黃州惠州瓊州。

> 尊官高姓：問姓什麼也。
>
> 照容：如鏡照於物像也。寫容之謂也。
>
> 身如不繫之舟：一作似初生犢牛。《普燈》。

寶峯文禪師法嗣

隆興府兜率從悅章

師復謁真淨，後出世鹿苑。有清素者，久參慈明，寓居一室，未始與人交。師因食蜜漬荔枝，偶素過門，師呼曰：此老人鄉果也，可同食之。素曰：自先師亡後，不得此食久矣。師曰：先師為誰？素曰：慈明也。某忝執侍十三年耳。師乃疑駭，曰：十三年堪忍執侍之役，非得其道而何？遂饋以餘果，稍稍親之。素問：師所見者何人？曰：洞山文。素曰：文見何人？師曰：黃龍南。素曰：南區頭見先師不久，法道大振如此。師益疑駭，遂袖香詣素作禮。素起避之，曰：吾以福薄，先師授記，不許為人。師益恭，素乃曰：憐子之誠，違先師之記。子平生所得，試語我。師具通所見。素曰：可以入佛而不能入魔。師曰：何謂也？素曰：豈不見古人道，末後一句，始到牢關。如是累月，素乃印可。仍戒之曰：文示子者，皆正知正見。然子離文太早，不能盡其妙。吾今為子點破，使子受用得大自在。他日切勿嗣吾也。師後嗣真淨。

> 入佛而不能入魔：入魔，隨類應化之義也。天台等曰：佛與魔差別，則天魔伺其便也，無差別則本覺位也。密參別有子細。

東京法雲佛照杲章

問：昔日僧問雲門，如何是透法身句？門曰：北斗裏藏身，意旨如何？師曰：赤心片片。曰：若是學人即不然。師曰：汝又作麼生？曰：昨夜攙頭看北斗，依稀卻似點糖糕。師曰：但念水草，餘無所知。

> 依稀卻似點糖糕：點砂糖也。糕者以米為之也。淡味也。以糖點糕似星也。

每示眾，常舉：老僧熙寧八年，文帳在鳳翔府，供申當年崩了華山四十里，壓倒八十村人家。汝輩後生，茄子瓠子，幾時知得。

文帳：唐土宋之時，三年一度。諸寺僧名供寫文帳在官，名大僧帳。帳中說何處人？何年為僧？及父母何名？及年歲多少？皆一一要實寫。寫了申在官，為供帳，免丁文帳也。《武庫抄》。

隆興府泐潭湛堂文準章

《孝經·序》云：朕聞上古，其風朴略。山前華堯民解元，且喜尊候安樂。參！〔註6〕

山前華堯民解元：山云：華，姓，堯民，名。解元，秀才之稱。

大休云：解元者，及第之次第也。一狀元，二解元，三省元。

上堂，僧問：教中道，若有一人，發真歸源，十方虛空，悉皆消殞？未審此理如何？師遂展掌，點指曰：子丑寅卯，辰巳午未。一羅二土，三水四金，五太陽，六太陰，七計都。今日計都星入巨蟹宮。寶峯不打這鼓笛。便下座。

計都星入巨蟹宮：或云：十二宮各有名也。巨蟹宮在未方。又云：解水厄神也。計都星在未方，巨蟹宮亦在未方。言來日之上堂也。

擊拂子曰：方便門開也。作麼生是真實相？良久云：十八十九，癡人夜走。〔註7〕

十八十九，癡人夜走：山云：俗談，月色十八十九無月，黑地裏走癡迷之徒。

廬山慧日文雅章

受請日，僧問：向上宗乘，乞師不吝？師曰：拄杖正開封。曰：小出大遇也。師曰：放過即不可，便打。

拄杖正開封：官棒不用之，則封而藏之。當罰人之時方解封也。

然今言拄杖者，所以行衲僧門下事者也。

上堂，有二僧齊出。一僧禮拜，一僧便問：得用便用時如何？師曰：伊蘭作栴檀之樹。曰：有意氣時添意氣，不風流處也風流。師曰：甘露乃蒺藜之園。

甘露乃蒺藜之園：善惡相交也。

〔註6〕拔萃原文未抄，此補上。
〔註7〕拔萃原文未抄，此補上。

瑞州洞山梵言章

上堂：吾心似秋月，碧潭清皎潔。無物堪比倫，教我如何說？寒山子，勞而無功，更有箇拾得，道不識這箇意，脩行徒苦辛。恁麼說話，自救不了。尋常拈糞箕，把掃帚，掣風掣顛，猶較些子。直饒是文殊普賢再出，若到洞山門下，一時分付與直歲。燒火底燒火，掃地底掃地，前廊後架，切忌攪匙亂箸。豐干老人更不饒舌。參退，喫茶。

　　切忌攪匙亂箸：狼藉之謂也。

上堂：一生二，二生三，遏捺不住，廓周沙界。德雲直上妙峯，善財卻入樓閣。新婦騎驢阿家牽，山青水綠。桃華紅，李華白，一塵一佛土，一葉一釋迦。乃合掌曰：不審諸佛子，今晨改旦，季春極暄，起居輕利，安樂行否？少間專到上寮問訊，不勞久立。

　　新婦騎驢阿家牽：阿家者兄也。

南嶽祝融上封慧和章

上堂：未陞此座已前，盡大地人成佛已畢。更有何法可說，更有何生可利？況菩提煩惱，本自寂然。生死涅槃，猶如昨夢。門庭施設，誑諕小兒。方便門開，羅紋結角，於衲僧面前，皆成幻惑。且道衲僧有甚麼長處？拈起拄杖曰：孤根自有擎天勢，不比尋常曲条枝。卓拄杖，下座。

　　孤根：拄杖也。

平江府寶華普鑑佛慈章

上堂：月圓，伏惟三世諸佛，狸奴白牯，各各起居萬福。時中淡薄，無可相延，切希寬抱。老水牯牛近日亦自多病多惱，不甘水草。遇著暖日和風，當下和身便倒。教渠拽杷牽犁，直是搖頭擺腦。可憐萬頃良田，一時變為荒草。

　　切希寬抱：寬抱，寬大義也，用懷抱義。

瑞州黃檗道全禪師和尚章

上堂，以拂子擊禪牀曰：一槌打透無盡藏，一切珍寶吾皆有。拈來普濟貧乏人，免使波吒路邊走。遂喝曰：誰是貧乏者。

　　免使波吒路邊走：波吒，攘攘忽忽也。

婺州雙溪印首座

自見真淨，徹證宗猷，歸遯雙溪。一日，偶書云：折腳鐺兒謾自煨，飯餘長是坐堆堆。一從近日生涯拙，百鳥銜華去不來。又以觸衣碎甚，作偈曰：不挂寸絲方免寒，何須特地褭長竿？而今落落零零也，七佛之名甚處安？

> 觸衣：內衣也。

> 七佛之名：晤老書七佛名於布裩著之。

《五燈會元》卷第十八

雲居祐禪師法嗣

郢州子陵山自瑜章

僧問：如何是古佛心？師曰：赤腳趿泥冷似冰。曰：未審意旨如何？師曰：休要拖泥帶水。

> 赤腳趿泥：趿，策涉切，踏也。

亳州白藻清儼章

僧問：楊廣失橐駞，到處無人見？未審是甚麼人得見？師以拂子約曰：退後退後，妨他別人所問。曰：畢竟落在甚麼處？師曰：可煞不識好惡。便打。

> 楊廣失橐駞：方語也。注云：自荷負。關云：欲荷負駱失之也，故自荷負。大休云：楊廣者盜人也。失橐駞者，偷別人橐駞，而後失之，遂不能得也。山云：楊廣，將軍，將軍則無可以運物。駞，乃背上運物之獸，極能負重。後漢有賊名楊廣云々。

> 以拂子約：《玉篇》：約曰約住義也。退推〔註8〕也。築其口不許開口也。

大溈秀禪師法嗣

南嶽南臺允恭章

開堂日上堂：稀逢難遇，正在此時。何謂釋迦已滅，彌勒未生？拈拂

〔註8〕推：字潦草難辨。

子曰：正當今日，佛法盡在這箇拂子頭上。放行把住，一切臨時。放行也，風行草偃，瓦礫生光。拾得寒山，點頭拊掌。把住也，水洩不通，精金失色。德山臨濟，飲氣吞聲。當恁麼時，放行即是，把住即是。良久曰：後五日看。

> 後五日看：山云：且緩緩地耳。

黃檗勝禪師法嗣

成都府昭覺純白紹覺章

上堂：寒便向火，熱即搖扇。饑時喫飯，困來打眠。所以趙州庭前柏，香嚴嶺後松，栽來無別用，祇要引清風。且道畢竟事作麼生？甲子乙丑海中金，丙寅丁卯鑪中火。

> 甲子乙丑海中金：博犖錄。甲子乙丑海中金，丙寅丁卯鑪中火，
> 戊辰己巳大林木，庚午辛未路傍土，壬申癸酉劍鋒金。
> 香嚴嶺後松：林云：未有此機緣，只言之歟？

開元琦禪師法嗣

饒州薦福道英章

此之宗要，千聖不傳。直下了知，當處超越。是知赤灑灑處恁麼即易。明歷歷處恁麼還難。不用沾黏點染，直須剗脫屏除。〔註9〕

> 赤灑灑處恁麼即易：赤灑灑，見解
> 明歷歷處恁麼還難：明歷歷，脫體。

泉州尊勝有朋講師

本郡蔣氏子。丱歲試經，中選下髮，多歷教肆。嘗疏楞嚴，維摩等經，學者宗之。每疑祖師直指之道，故多與禪衲遊

> 嘗疏《楞嚴》《維摩》等經：額居所，名六經堂。六經者，《華
> 嚴》《般若》《法華》《楞嚴》《維摩》《涅槃》也。暗憶講此六經，通
> 利之人也。

〔註9〕拔萃原文未抄，此補上。

雲蓋智禪師法嗣

紹興府石佛慧明解空章

僧問：如何是寶相境？師曰：三生鑿成。曰：如何是境中人？師曰：一佛二菩薩。

　　寶相：在新昌縣。

　　三生鑿成：山云：石佛在吳中。石佛，三尊也。或云：南山道宣律師三生而鑿成彌勒像也。石佛也，額寶相。

華光恭禪師法嗣

郴州萬壽念章

僧問：龍華勝會，肇啟茲晨？未審彌勒世尊現居何處？師曰：猪肉案頭。曰：既是彌勒世尊，為甚麼卻在猪肉案頭？師曰：不是弄潮人，休入洪波裏。曰：畢竟事又且如何？師曰：番人不繫腰。

　　番人不繫腰：不用腰帶也。

黃龍新禪師法嗣

吉州禾山超宗慧方章

上堂，舉拂子曰：看！看！祇這箇，在臨濟，則照用齊行，在雲門則理事俱備，在曹洞則偏正叶通，在溈山則暗機圓合，在法眼則何止唯心。然五家宗派，門庭施設則不無，直饒辨得個儻分明去，猶是光影邊事。若要抵敵生死，則霄壤有隔。且超越生死一句作麼生道？良久曰：泊合錯下注腳。

　　暗機圓合：以圓相指示也。或云：溈仰宗，工夫純一合法，故云圓合。

　　在法眼則何止唯心：唯心法眼宗，談三界唯心，萬法唯識也。

　　今餘唯識故使何止二字也。

上堂：十方無壁落四面亦無門。淨躶躶，赤灑灑，沒可把。遂舉拂子曰：灌溪老漢向十字街頭，逞風流，賣惺惺，道我解穿真珠，解玉版，過亂絲，卷筒絹。姪坊酒肆，瓦合興臺，虎穴魔宮，那吒忿怒，遇文王興禮樂，逢桀紂逞干戈。今日被崇覺覷見，一場懡㦬。

　　十方無壁落四面亦無門。淨躶躶，赤灑灑，沒可把：灌溪語也。

灌溪老漢……逞干戈：以上寄灌溪也。

解玉版：善造玉版不散損也。

卷筒絹：遠行之時，卷絹細之，以入竹筒也。不會卷者，大而不能入之也。言灌溪逞巧而能為難事。巧手之謂也。穿貫也，過收也。

瓦合與臺：乃和光同塵也。臺當作儓。那吒，荷輿人力也。以上，今師批判灌溪語也。

嘉興府華亭性空妙普菴主和尚章

紹興庚申冬，造大盆，穴而塞之。脩書寄雪竇持禪師曰：吾將水葬矣。壬戌歲，持至，見其尚存，作偈嘲之曰：咄哉老性空，剛要餧魚鼈。去不索性去，祇管向人說。

索性：山云：盡情義也。又云：盡底義也。

師閱偈，笑曰：待兄來證明耳。令徧告四眾，眾集，師為說法要，仍說偈曰：坐脫立亡，不若水葬。一省柴燒，二省開壙。撒手便行，不妨快暢。誰是知音，船子和尚。高風難繼百千年，一曲漁歌少人唱。遂盤坐盆中，順潮而下。眾皆隨至海濱，望欲斷目。師取塞，戽水而回。眾擁觀，水無所入。復乘流而往，唱曰：船子當年返故鄉，沒蹤跡處妙難量。真風徧寄知音者，鐵笛橫吹作散塲。其笛聲嗚咽。頃於蒼茫間，見以笛擲空而沒。眾號慕，圖像事之。後三日，於沙上趺坐如生，道俗爭往迎歸。留五日，闍維，設利大如菽者莫計。二鶴徘徊空中，火盡始去。眾奉設利靈骨，建塔于青龍。

鐵笛橫吹作散塲：人天寶鑑曰：普首座自號性空，得旨於死心。久居華亭，好吹鐵笛，放曠自樂。人莫測之。云々。作散塲者，滿散之謂也。

空而沒：為拔塞行水也。或云：造舟剜胎塞也。言自拔塞木以引水，再歸汀渚。人聚看之，而水遂不入船。其妙用如是。

空室道人智通

復問：十二時中向甚麼處安身立命？通曰：和尚惜取眉毛好。心打曰：這婦女亂作次第。通禮拜。心然之。於是道聲籍甚。

亂作次第：甚生次第同意也。イカメシト云事也。

黃龍清禪師法嗣

潭州上封佛心才章

上堂：一法有形該動植，百川湍激競朝宗。昭琴不鼓雲天淡，想像毘耶老病翁。維摩病則上封病，上封病則拄杖子病。拄杖子病，則森羅萬象病。森羅萬象病，則凡之與聖病。諸人還覺病本起處麼？若也覺去，情與無情同一體，處處皆同真法界。其或未然，甜瓜徹蒂甜，苦瓠連根苦。

> 昭琴不鼓雲天淡：《莊子·齊物論》：是非之彰也，道之所以虧
> 也。道所以虧，愛之所以成。果且有成與虧乎哉，果且無成與虧乎
> 哉？有成與虧，故昭氏之鼓琴也。無成與虧，故昭氏之不鼓琴也。
> 言不鼓琴者，一法未兆處也。雲天淡者，一法未兆謂歟？大休云：
> 王昭君有愁不鼓琴。雲天淡者，天色如有愁。

隆興府黃龍德逢通照章

上堂，舉夾山境話。師曰：法眼徒有此語，殊不知夾山老漢被這僧輕輕拶著，直得腳前腳後。設使不作境話會，未免猶在半途。

> 腳前腳後：半前落後也。或云：一步在前一步在後之意也。

潭州法輪應端章

上堂，舉大隋劫火洞然話，遂曰：六合傾飜劈面來，暫披麻縷混塵埃。因風吹火渾閑事，引得遊人不肯回。壞不壞，隨不隨，徒將聞見強鍼錐。太湖三萬六千頃，月在波心說向誰。

> 六合傾飜劈面來，暫披麻縷混塵埃，因風吹火渾閑事，引得遊
> 人不肯回：一句頌話僧，二句頌大隋垂手處，三句抑下大隋答話處，
> 四句都不教歸家穩坐也。

僧問：如何是賓中賓？師曰：芒鞋竹杖走紅塵。曰：如何是賓中主？師曰：十字街頭逢上祖。曰：如何是主中賓？師曰：御馬金鞭混四民。曰：如何是主中主？師曰：金門誰敢攙晬覷。曰：賓主已蒙師指示，向上宗乘又若何？師曰：昨夜霜風刮地寒，老猿嶺上啼殘月。

> 逢上祖：祖翁一般也。又云：逢先祖也。

東京天寧長靈守卓章

上堂曰：三千劍客，獨許莊周。為甚麼跳不出？良醫之門多病人，因甚麼不消一劄？已透關者，更請辨看。

三千劍客：莊子第九，說劍篇。

跳不出：抑下莊子也。

不消一劄：良醫無所施，空拱手也。

上堂：譬如眼根不自見，眼性自平等。無平等者，便恁麼去。無孔鐵鎚，聊且安置。直得入林不動草，入水不動波，也是一期方便。若也籬內竹抽籬外筍，澗東華發澗西紅，更待勘過了，打。

聊且安置：無用處也。

籬內竹抽籬外筍，澗東華發澗西紅：古詩句也。尋常句無別意。言十方融通也。

僧問：丹霞燒木佛，院主為甚麼眉鬚墮落？師曰：貓兒會上樹。曰：早知如是終不如是。師曰：惜取眉毛。

貓兒會上樹：世人說貓教虎了，虎要食貓，貓卻上樹去。伶俐畜生也。

早知如是終不如是：繞恁麼則不恁麼謂也。

信州博山無隱子經章

歲旦上堂：和氣生枯枿，寒雲散遠郊。木人占吉兆，夜半露龜爻。諸禪德，龜爻露處，文彩已彰，便見一年十二月，月月如然，一日十二時，時時相似。到這裏直似黃金之黃，白玉之白。自從曠大劫來，未嘗異色。還見麼？其或未然，且徇張三通節序，從教李四鬢蒼浪。

龜爻：卦文也。

且徇張三通節序，從教李四鬢蒼浪：節序，乃時候也。問張三須知之，莫管李四事也。

邵州光孝曇清章

上堂：殺父殺母，佛前懺悔。殺佛殺祖，不消懺悔。為甚麼不消懺悔？且得冤家解脫。

冤家解脫：言解免云也。免得冤家也。

溫州光孝德週章

上堂曰：舉體露堂堂，十方無罣礙。千聖不能傳，萬靈咸頂戴。擬欲共商量，開口百雜碎。祇如未開口已前，作麼生？咄！

舉體：全體也。

泐潭清禪師法嗣

隆興府黃龍山堂道震章

金陵趙氏子。少依覺印英禪師為童子，英移居泗之普照，適淑妃擇度童行，師得圓具。久之，辭謁丹霞淳禪師。一日，與論洞上宗旨。師呈偈曰：白雲深覆古寒巖，異草靈華彩鳳銜。夜半天明日當午，騎牛背面著靴衫。淳器之。師自以為礙，棄依草堂，一見契合。日取藏經讀之。一夕，聞晚參鼓，步出經堂，舉頭見月，遂大悟。亟趨方丈，堂望見，即為印可。

> 淑妃：為帝王所寵之美女也。
>
> 圓具：圓頂登具也。
>
> 白雲深覆古寒巖：偏中正也。
>
> 異草靈華彩鳳銜：九重城裏彩鳳銜來之意也。正位也。
>
> 夜半天明日當午：正中偏。
>
> 騎牛背面著靴衫：兼中至。
>
> 自以為礙：言曹洞宗猶作礙，故棄去。

上堂：石人問枯椿，何時汝發華？枯椿怒石人，何得口吧吧？石人呵呵笑，枯椿吐異葩。紅霞輝玉象，白玉碾金沙。借問通玄士，何人不到家？

> 紅霞輝玉象，白玉碾金沙：未必有此事，只舉映徹之類也。可
>
> 句如然。

台州萬年雪巢法一章

太師襄陽郡王李公遵勉之玄孫也。世居開封祥符縣。母夢一老僧至而產。年十七，試上庠。從祖仕淮南，欲官之，不就。將棄家事長蘆慈覺賾禪師，祖弗許。母曰：此必宿世沙門，願勿奪其志。未幾，慈覺沒。大觀改元，禮靈巖通照願禪師，祝髮登具。

> 試上庠：郡內勸學院也。被舉鄉選也。大休云：在帝里科舉日
>
> 試上庠。或云：庠者，習學之所也。

福州雪峯東山慧空章

上堂：一拳拳倒黃鶴樓，一趯趯飜鸚鵡洲。有意氣時添意氣，不風流處也風流。俊哉俊哉！快活快活！一似十七八歲狀元相似，誰管你天，誰管你地。心王不妄動，六國一時通。罷拈三尺劍，休弄一張弓。自在自在。快活快活。恰似七八十老人作宰相相似，風以時雨以時，五穀植萬民安。豎起拄杖

曰：大眾，這兩箇并山僧拄杖子，共作得一箇。衲僧到雪峯門下，但知隨例餐餬子，也得三文買草鞋。喝一喝，卓拄杖，下座。

> 但知隨例餐飡餬子，也得三文買草鞋：飡餬子，乃餅也。買草
> 鞋者，則須行腳始得也。言只與飡餬子喫，又與草鞋云也。

青原信禪師法嗣

祖菴主

見青原之後，縛屋衡嶽間，三十餘年，人無知者。偶遣興作偈曰：小鍋煮菜上蒸飯，菜熟飯香人正饑。一補饑瘡了無事，明朝依樣畫貓兒。由是衲子披榛扣之。無盡張公力挽其開法，不從，竟終于此山。

> 依樣畫貓兒：方語也。注云：殺心尚有。言喫了明日又饑也。今
> 日又如是，明日又如是。只用此三昧過日也。則是世俗也。不故事。

夾山純禪師法嗣

澧州欽山乾明普初章

上堂，良久曰：舉揚宗旨，上祝皇基。伏願祥雲與景星俱現，醴泉與甘露雙呈。君乃堯舜之君，俗乃成康之俗。使林下野夫，不覺成太平曲。且作麼生是太平曲？無為而為，神而化之。灑德雨以霑霈，鼓仁風而雍熙。民如野鹿，上如標枝。十八子，知不知。哩哩囉，邏囉哩。拍一拍，下座。

> 民如野鹿，上如標枝：《莊子·外篇·天地章》：至德之世不尚
> 賢不使能。上如標枝，民如野鹿。希逸注：標枝，枯枝也。俱見其
> 枝不見其葉也。此二句無情無欲之喻。又《文中子·立命篇》。或云：
> 酒旗也。標枝無心而成人用也。

> 十八子：胡笳十八拍也。或云：十八子者，為言大眾也。

渤潭乾禪師法嗣

楚州勝因戲魚咸靜章

上堂，舉：世尊在摩竭陀國為眾說法，是時將欲白夏，乃謂阿難曰：諸大弟子，人天四眾，我常說法，不生敬仰。我今入因沙臼室中，坐夏九旬。忽有人來問法之時，汝代為我說，一切法不生，一切法不滅。言訖掩室而坐。

欲白夏：律家，名目也。云結夏也。入因沙舊室中坐夏七旬。

因沙，處名也。在楞嚴經。示微疾，書偈曰：弄罷影戲，七十一載。

更問如何回來別賽？置筆而逝。

影戲：猿樂也。

別賽：報也。猿樂時一人作了，一人出對答謂也。

慶元府天童普交章

受請日，上堂曰：咄哉！黃面老，佛法付王臣。林下無情客，官差逼殺人。莫有知心底，為我免得麼？若無，不免將錯就錯。便下座。

林下無情客：無情者自身也。

官差逼殺人：官家行令之謂也。

宣和六年三月二十日，沐浴，陞堂說偈，脫然示寂。偈曰：寶杖敲空觸處春，箇中消息特彌綸。昨宵風動寒巖冷，驚起泥牛耕白雲。壽七十七，臘五十八。

彌綸：遍十方也。

江州圓通道旻圓機章

上堂：諸佛出世，無法與人。祇是抽釘拔楔，除疑斷惑。學道之士，不可自謾。若有一疑如芥子許，是汝真善知識。喝一喝曰：是甚麼？切莫刺腦入膠盆。

切莫刺腦入膠盆：休云：如人自以刀刺腦髓入於膠盆之中，猶泥裏洗泥也。

僧寶傳第八。：圓通道濟禪師，使門人累青石為塔，曰他日塔作紅色，吾再來。

開先瑛禪師法嗣

紹興府慈氏瑞仙章

本郡人。年二十去家，以試經披削，習毘尼。因覩戒性如虛空，持者為迷倒。師謂，戒者，束身之法也。何自縛乎？遂探台教。又閱，諸法不自生，亦不從他生，不共不無因，是故說無生。疑曰：又不自他，不共不無因，生畢竟從何而生？即省曰：因緣所生，空假三觀，抑揚性海，心佛眾生，名異體同。十境十乘，轉識成智。不思議境，智照方明，非言詮所及。棄謁諸方。

空假三觀，抑揚性海：空八抑，假八揚。

十境：一陰界，二煩惱，三病患，四業相，五魔事，六禪定，七諸見，八增上慢，九二乘，十菩薩。

十乘：觀不思議，起慈悲，巧安止觀，破法遍，識通塞，脩道品，對治助開，知次位，能安忍，無法愛。

潭州大潙海評章

上堂曰：燈籠上作舞，露柱裏藏身。深沙神惡發，崑崙奴生嗔。喝一喝曰：一句合頭語萬劫墮迷津。

深沙神惡發：《普燈錄》作森沙神。或云：天竺大神，流沙神。

崑崙奴生嗔：崑崙，州名。此州人其形如黑漆，殆是鬼之類也。

法雲杲禪師法嗣

東京慧海儀章

上堂：無相如來示現身，破魔兵眾絕纖塵。七星斜映風生處，四海還歸舊主人。諸仁者，大迦葉靈山會上，見佛拈華，投機微笑。須菩提聞佛說法，深解義趣，涕淚悲泣。且道笑者是，哭者是？不見道，萬派橫流總向東，超然八面自玲瓏。萬人膽破沙場上，一箭雙鵰落碧空。

七星斜映風生處：漢高祖劍飾七星也。

一箭雙鵰落碧空：高駢事失叔明為司馬，有二鵰並飛。駢曰：
我且貴當中之，一發貫二鵰焉。眾大驚。號落鵰侍郎。出唐本傳。

上堂，舉：潙山坐次，仰山問：和尚百年後，有人問先師法道，如何祇對？潙曰：一粥一飯。仰曰：前面有人不肯，又作麼生？潙曰：作家師僧。仰便禮拜。潙曰：逢人不得錯舉。師曰：自古及今，多少人下語道，嚴而不威，恭而無禮，橫按拄杖，豎起拳頭。若祇恁麼，卻如何知得他父子相契處？山僧今日也要諸人共知，莫分彼我，彼我無殊。困魚止濼，病鳥棲蘆。逡巡不進泥中履，爭得先生一卷書？

逡巡不進泥中履，爭得先生一卷書：言一回若不著力，爭到不思議境界云也。

泐潭準禪師法嗣

隆興府雲巖典牛天遊章

成都鄭氏子。初試郡庠，復往梓州試，二處皆與貢籍。師不敢承，竄名出關。適會山谷道人西還，因見其風骨不凡，議論超卓，乃同舟而下，竟往廬山，投師剃髮，不改舊名。

> 郡庠：郡內勸學院也。

> 與貢籍：《普燈錄》作貢籍不第也。大休云：貢籍者，科舉也。

不及第詩文，得頭名於貢仕之籍，漸次當作也。

後退雲巖，過廬山棲賢，主翁意不欲納。乃曰：老老大大，正是質庫中典牛也。師聞之，述一偈而去。曰：質庫何曾解典牛？祇緣價重實難酬。想君本領無多子，畢竟難禁這一頭。因菴于武寧，扁曰：典牛，終身不出。塗毒見之，已九十三矣。

> 質庫中典牛：山云：今典錢庫也。以物質錢，名質庫。古鈔云：
> 質庫者，獄名也。典牛者，為大牢鼎祭神也。

上堂：象骨輥毬能已盡，玄沙斫牌伎亦窮。還知麼？火星入袴口，事出急家門。

> 火星入袴口，事出急家門：火星入袴口，事之急切也。語曰：
> 火星燒袴口，事出急家門。

上堂：三百五百，銅頭鐵額。木笛橫吹，誰來接拍？時有僧出，師曰：也是賊過後張弓。

> 接拍：打拍子也。

上堂：日可冷，月可熱，眾魔不能壞真說。作麼生是真說？初三十一，中九下七，若信不及，雲巖與汝道破，萬人齊指處，一鴈落寒空。

> 萬人齊指處，一鴈落寒空：古詩句也。諸人指處，必有落鴈之
> 手。李廣將軍是也。

病起上堂。舉馬大師日面佛，月面佛。後來東山演和尚頌曰：丫鬟女子畫蛾眉，鸞鏡臺前語似癡。自說玉顏難比竝，卻來架上著羅衣。師曰：東山老翁滿口讚歎，則故是點檢將來，未免有鄉情在。雲巖又且不然，打殺黃鶯兒，莫教枝上啼。幾回驚妾夢，不得到遼西。

> 有鄉情在：馬祖與演皆蜀人也。故云鄉情。

打殺黃鶯兒，莫教枝上啼：古詩云：喚婢打鴟兒，莫教枝上啼，
啼時驚妄夢，不得到遼東。

潭州三角智堯章

上堂：捏土定千鈞，秤頭不立蠅。箇中些子事，走殺嶺南能。還有薦得
底麼？直饒薦得，也是第二月。

秤頭不立蠅：秤頭若立蠅，偏重而不均等者也。

第二月：《楞嚴經》二，又《圓覺經》。第二／月。

慧日雅禪師法嗣

隆興府九仙法清祖鑑章

上堂，舉睦州示眾曰：汝等諸人未得箇入頭處，須得箇入頭處。既得箇
入頭處，不得忘卻。老僧明明向汝道，尚自不會，何況蓋覆將來？師曰：睦州
恁麼道，意在甚麼處？其或未然，聽覺苑下箇注腳。張僧見王伴，王伴叫張
僧，昨夜放牛處，嶺上及前村。溪西水不飲，溪東草不吞。教覺苑如何即得？
會麼？不免與麼去。遂以兩手按空，下座。

張僧見王伴，王伴叫張僧：言張氏僧見王氏伴也。未必有別故
事。或注云：牧童也。未必有此名，假設此號歟？或云：大唐小兒
子之名，各相呼喚也。

平江府覺海法因菴主

遊方至東林謁慧日。日舉靈雲悟道機語問之。師擬對，日曰：不是，不
是。師忽有所契，占偈曰：巖上桃華開，華從何處來？靈雲纔一見，回首舞三
臺。日曰：子所見雖已入微，然更著鞭當明大法。師承教，居廬阜三十年，不
與世接，叢林尊之。

占偈：未必書之，口誦示之也。

本郡呂氏子。年二十二，於村落一富室為校書。偶遊山寺，見禪冊，閱
之似有得。即裂冠圓具，一鉢遊方。

校書：表〔註10〕人以教習書者也。

〔註10〕表：字漫糊不清，疑是。

大潙璡禪師法嗣

眉州中巖慧目薀能章

上堂。龍濟道，萬法是心光，諸緣唯性曉。本無迷悟人，祇要今日了。師曰：既無迷悟，了箇甚麼？咄！

> 龍濟：首山念也。

> 萬法是心光，諸緣唯性曉：萬法自心生，故心光也。自性本空，
> 故分曉歷然也。諸緣者自性上現也。

室中問崇真氍頭：如何是你空劫已前父母？真領悟曰：和尚且低聲。遂獻投機頌曰：萬年倉裏曾饑饉，大海中住儘長渴。當初尋時尋不見，如今避時避不得。師為印可。

> 崇真氍頭：崇真，僧名也。氍，乃聚毛作茵也。大休云：氍頭
> 者。官領氍席人也。

> 萬年倉：天子倉之額也。

懷安軍雲頂寶覺宗印章

一日普說罷，師曰：諸子未要散去，更聽一頌。乃曰：四十九年，一場熱鬧。八十七春，老漢獨弄。誰少誰多，一般作夢。歸去來兮，梅梢雪重。言訖下座，倚杖而逝。

> 熱鬧：鬧貌。

昭覺白禪師法嗣

成都府信相宗顯正覺章

時圓悟為侍者，師以白雲關意扣之。悟曰：你但直下會取。師笑曰：我不是不會，祇是未諳，待見這老漢，共伊理會一上。明日，祖往舒城，師與悟繼往，適會於興化。祖問師：記得曾在郡裏相見來？師曰：全火祇候。祖顧悟曰：這漢饒舌。自是機緣相契。〔註11〕

> 全火祇候：山云：一隊人聽候指揮。

後辭西歸，為小參，復以頌送曰：離鄉四十餘年，一時忘卻蜀語。禪人回到成都，切須記取魯語。時覺尚無恙，師再侍之，名聲藹著。遂出住長松，遷保福信相。

〔註11〕拔萃原文未抄，此補上。

記取魯語：今師住魯。言演意不可忘我也。

時覺尚無恙：覺者，昭覺也。

上堂，舉：仰山問中邑：如何是佛性義？邑曰：我與你說箇譬喩，汝便會也。譬如一室有六窗，內有一獮猴，外有獮猴從東邊喚狚狚，獮猴即應。如是六窗，俱喚俱應。仰乃禮拜，適蒙和尚指示，其有箇疑處。邑曰：你有甚麼疑？仰曰：祇如內獮猴睡時，外獮猴欲與相見，又作麼生？邑下禪牀，執仰山手曰：狚狚與你相見了。師曰：諸人要見二老麼？我也與你說箇譬喩。中邑大似箇金師，仰山將一塊金來，使金師酬價，金師亦盡價相酬。臨成交易，賣金底更與貼秤。金師雖然闇喜，心中未免倫疑。何故？若非細作，定是賊贓。便下座。

譬如一室有六窗，內有一獮猴：室者，人之體也。六窗者，六根也。

狚狚：猿鳴聲也。狚字，或本山山。

交易：取換也，賣買也。

貼秤：秤上益添義。

細作：毛韻，諜字注。今細作又曰游偵。金剛般若論，方便有二種，一細作方便，二不念方便云々。不念八無念，細作八異諜也。

覺云：ケコミル也。

道林一禪師法嗣

潭州大潙大圓智章

上堂，舉：南泉道：三世諸佛不知有，狸奴白牯卻知有。師曰：三世諸佛既不知有，狸奴白牯又何曾夢見？灼然。須知向上有知有底人始得。且作麼生是知有底人？喫官酒，臥官街。當處死，當處埋。沙塲無限英靈漢，堆山積嶽露屍骸。

沙塲無限英靈漢，堆山積嶽露屍骸：沙塲，戰塲也。言知有底人，直須深埋卻也。

上封秀禪師法嗣

文定公胡安國草菴居士

字康侯。久依上封，得言外之旨。崇寧中過藥山，有禪人舉南泉斬貓話

問公，公以偈答曰：手握乾坤殺活機，縱橫施設在臨時。滿堂兔馬非龍象，大用堂堂總不知。又寄上封，有曰：祝融峯似杜城天，萬古江山在目前。須信死心元不死，夜來秋月又同圓。

> 祝融峯似杜城天：祝融峯在潭州，乃上封所居也。杜城天，恐是神仙之居也。或云：其所在城，故祝融峯同天也。杜城胡安國時在此地歟？

> 死心元不死：死心新禪師也。上封者死心弟子也。

上封才禪師法嗣

福州普賢元素章

上堂，南泉道：我十八上便解作活計，囊無繫蟻之絲，廚乏聚蠅之糝。趙州道，我十八上便解破家散宅，南頭買賤，北頭賣貴，點檢將來，好與三十棒，且放過一著。何故？曾為宕子偏憐客，自愛貪杯惜醉人。

> 曾為宕子偏憐客，自愛貪杯惜醉人：宕子，蕩子也。借音也。流浪之客也。漂泊之貌。

福州鼓山別峯祖珍章

僧問：趙州遶禪牀一匝，轉藏已竟，此理如何？師曰：畫龍看頭，畫蛇看尾。曰：婆子道，比來請轉全藏，為甚麼祇轉得半藏？此意又且如何？師曰：人無遠慮，必有近憂。曰：未審甚麼處是轉半藏處？師曰：不是知音者，徒勞話。

> 畫龍看頭，畫蛇看尾：龍以頭為奇，蛇以尾為奇。此語畫繪法歟？

上堂：尋牛須訪跡，學道貴無心。跡在牛還在，無心道易尋。豎起拂子曰：這箇是跡，牛在甚麼處？直饒見得頭角分明，鼻孔也在法石手裏。

> 尋牛須訪跡，學道貴無心。跡在牛還在，無心道易尋：龍牙居遁禪師頌，見《傳燈》。

> 鼻孔也在法石手裏：法石，寺號。

示眾云：大道祇在目前，要且目前難覩。欲識大道真體，不離聲色言語。卓拄杖云：這箇是聲。豎起拄杖云：這箇是色。喚甚麼作大道真體？直饒向這裏見得，也是鄭州出曹門。

鄭州出曹門：方語也。注云：且喜沒交涉。關云：鄭州當北門
也。曹門者，東京南門名也。或云：鄭州在未申方，曹門在洛城丑
寅角也。

萬年一禪師法嗣

嘉興府報恩法常首座

宣和七年，依長沙益陽華嚴元軾下髮，徧依叢林。於首楞嚴經，深入義
海。自湖湘至萬年謁雪巢，機契，命掌牋翰。後首眾報恩。室中唯一矮榻，餘
無長物。庚子九月中，語寺僧曰：一月後不復留此。十月二十一往方丈，謁
飯。將曉，書漁父詞於室門，就榻收足而逝。詞曰：此事楞嚴嘗露布，梅華雪
月交光處，一笑寥寥空萬古。風甌語，迴然銀漢橫天宇。蝶夢南華方栩栩，斑
斑誰跨豐干虎。而今忘卻來時路，江山暮，天涯目送鴻飛去。

> 謁飯：邂齋也。言詣方丈喫飯也。

> 風甌語：風鈴鳴貌。

勝因靜禪師法嗣

平江府慧日默菴興道章

上堂：同雲欲雪未雪，愛日似暉不暉。寒雀啾啾鬧籬落，朔風冽冽舞簾
帷。要會韶陽親切句，今朝覿面為提撕。卓拄杖，下座。

> 同雲欲雪未雪：同雲，《詩·南山章》：上天同雲，雨雪雰雰。

> 注朱氏曰：同雲，雲一色也。將雪之候如此。同猶彤。西京雜記，
> 雨雲曰油雪雪雲曰同雲。

> 韶陽親切句：臘月二十五公案歟？

明招慧禪師法嗣

揚州石塔宣祕禮章

上堂，至座前，師搦一僧上法座，僧惝惶欲走。師遂指座曰：這棚子，若
牽一頭驢上去，他亦須就上屙在。汝諸人因甚麼卻不肯？以拄杖一時趕散。
顧侍者曰：嶮。

> 棚子：指法座。

雲岩游禪師法嗣

臨安府徑山塗毒智策章

上堂，舉：教中道：若以色見我，以音聲求我，是人行邪道，不能見如來。雖然恁麼，正是捕得老鼠，打破油甕。懷禪師道，你眼在甚麼處？雖則識破釋迦老子，爭奈拈餬舐指。若是塗毒即不然，色見聲求也不妨，百華影裏繡鴛鴦。自從識得金鍼後，一任風吹滿袖香。

> 捕得老鼠，打破油甕：一得一失也。

> 拈餬舐指：餬，蜀人呼蒸餅為餬。舐，《說文》：舌取物。

育王諶禪師法嗣

慶元府天童慈航了朴章

上堂：久雨不晴，半睡半醒。可謂天地合其德，日月合其明，四時合其序，鬼神合其吉凶。遂喝曰：住！住！內卦已成，更求外象。卓拄杖曰：適來擲得雷天大壯，如今變作地火明夷。

> 更求外象：雷天大壯等也。吉凶休咎等也。

> 適來擲得雷天大壯，如今變作地火明夷：大壯卦名☳是也。此
> 卦上三爻震卦也。雷德也。下三爻乾卦也。天德也。今以大壯為吉
> 也。明夷亦是卦名☷是也。此卦上三爻坤卦也。下三爻離卦也。火
> 德也。今以此卦為凶也。易象明入地中明夷云々。

上堂：牛皮鞔露柱，露柱啾啾叫。燈籠佯不知，虛明還自照。殿脊老蚩吻，聞得呵呵笑。三門側耳聽，就上打之遶。譬如十日菊，開徹阿誰要。阿呵呵！未必秋香一夜衰，熨斗煎茶不同銚。

> 就上打之遶：向外邊走之謂也。

上堂：德山入門便棒，臨濟入門便喝。臨濟喝處，德山棒頭耳聾，德山棒時，臨濟喝下眼瞎。雖然一捆一搋，就中全生全殺。遂喝一喝，卓拄杖一下云：敢問諸人是生是殺？良久云：君子可八。

> 君子可八：方語也，注云：知底知。又云：脫得底知。言君子
> 如八字，兩邊打開也。

臨安府龍華無住本章

上堂，舉：雲門大師拈起胡餅曰：我祇供養兩浙人，不供養向北人。眾

無語，門自代曰：天寒日短，兩人共一椀。師曰：韶陽老漢，言中有響，痛處著錐。檢點將來，飜成毒藥。諸人要會麼，半在河南半河北，一片虛凝似墨黑。冷地思量愁殺人，叵耐雲門這老賊。賊！賊！下座，更不巡堂。

天寒日短，兩人共一椀：山云：尋常俗語也。日短不妨饑也。

萬年賁禪師法嗣

溫州龍鳴在菴賢章

上堂，舉趙州勘婆話頌曰：冰雪佳人貌最奇，常將玉笛向人吹。曲中無限華心動，獨許東君第一枝。

曲中無限華心動：華心，山云：曲名也。

潭州大潙咦菴鑑章

上堂：老胡開一條路，甚生徑直。祇云：歇即菩提，性淨明心，不從人得。後人不得其門，一向奔馳南北，往復東西，極歲窮年，無箇歇處。諸人還歇得麼？休！休！

甚生徑直：イカメシクスグナリト云也。

風穴沼禪師法嗣

汝州廣慧真章〔註12〕

問：如何是和尚家風？師曰：枕爬鑱子。

枕爬鑱子：コマサラヘ也。

臨濟玄禪師法嗣

魏府興化存獎章〔註13〕

又至法堂，令維那聲鐘集眾。師曰：還識老僧麼？眾無對。師擲下朳子，端然而逝。諡廣濟禪師。〔註14〕

朳子：杖也。

〔註12〕此部分在《五燈會元》卷十一。
〔註13〕此部分在《五燈會元》卷十一。
〔註14〕拔萃原文未抄，此補上。

大愚芝禪師法嗣

南嶽雲峰文悅章〔註15〕

上堂：臨濟先鋒，放過一著，德山後令，且在一邊。獨露無私一句作麼生道？良久曰：堪嗟楚下鐘離昧。音抹。以拂子擊禪牀，下座。

後令：カラメテナリ。

〔註15〕此部分在《五燈會元》卷十二。

《五燈拔萃》卷八

臨濟宗

《五燈會元》卷第十九

石霜禪師法嗣

袁州楊岐方會章

郡之宜春冷氏子。少警敏，及冠，不事筆硯，繫名征商課最，坐不職。乃宵遁入瑞州九峯，恍若舊遊，眷不忍去，遂落髮。

> 征商：賈商人也。

> 課最：收納其錢也。山云：乃是官司官稅之職也。

一日，明適出，雨忽作。師偵之小徑，既見，遂扭住曰：這老漢今日須與我說。不說打你去。明曰：監寺知是般事便休。語未卒，師大悟，即拜於泥途。問曰：狹路相逢時如何？明曰：你且彈避，我要去那裏去。師歸來日，具威儀，詣方丈禮謝。明呵曰：未在。自是明每山行，師輒瞰其出，雖晚必繫鼓集眾。明遽還，怒曰：少叢林暮而陞座，何從得此規繩？師曰：汾陽晚參也，何謂非規繩乎？

> 晚參：上古，朝夕撾鼓集眾。朝名上堂，夕名小參。朝名坐禪，
> 夕名坐參也。放參者，放坐參之謂也。

時有僧出，師曰：漁翁未擲釣，躍鱗衝浪來。僧便喝，師曰：不信道。僧拊掌歸眾。師曰：消得龍王多少風？

> 消得龍王多少風：古詩云：等閑接步過池畔，消得龍王多少風。
> 言我身雖非龍王，消得龍王自在威風也。

上堂：霧鎖長空風生大野，百草樹木作大師子吼。演說《摩訶大般若》，三世諸佛在你諸人腳跟下轉大法輪。若也會得，功不浪施。若也不會，莫道楊岐山勢險，前頭更有最高峯。

> 百草樹木作大師子吼：楊岐山普通禪院入院上堂也。樹子，《續
> 灯》《普灯》。共作枯。

上堂：薄福住楊岐，年來氣力衰。寒風凋敗葉，猶喜故人歸。囉囉哩，拈上死柴頭，且向無煙火。

> 寒風凋敗葉，猶喜故人歸：言聞落葉聲，暗疑舊知訪來也。

慈明忌辰設齋，眾纔集，師於真前，以兩手捏拳安頭上，以坐具畫一畫，打一圓相，便燒香。退身三步，作女人拜。首座曰：休捏怪。師曰：首座作麼生？座曰：和尚休捏怪。師曰：兔子喫牛妳。第二座近前，打一圓相，便燒

香，亦退身三步，作女人拜。師近前作聽勢，座擬議，師打一掌曰：這漆桶也
亂做。

> 兔子喫牛妳：方語，執事蹉過了。山云：搆不及也，牛之出乳
>
> 處也。方語云：喫不得。

示眾云：春風如刀春雨如膏。律令正行萬物情動。你道腳踏實地一句，
作麼生道出來？向東涌西沒處道看。直饒道得，也是梁山頌子。

> 春風如刀春雨如膏，律令正行萬物情動：《博物志》：蕭即中聯
>
> 句，秋風如刀。白氏六帖，膏雨百穀仰之。
>
> 梁山頌子：方語，話成兩橛。

示眾云：景色乍晴，物情舒泰。舉步也千身彌勒，動用也隨處釋迦。文
殊普賢總在這裏。眾中有不受人謾底，便道楊岐和麩糶麵。然雖如是，布袋
裏盛錐子。

> 布袋裏盛錐子：方語，不出頭是好手。

楊岐會禪師法嗣

舒州白雲守端章

上堂：忌口自然諸病減，多情未免有時勞。貧居動便成違順，落得清閑
一味高。雖然如是，莫謂無心云是道，無心猶隔一重關。

> 落得：曉得也。

金陵保寧仁勇章

謁雪竇明覺禪師，覺意其可任大法，誚之曰：央庠座主。師憤悱下山。

> 央庠：山云：唐土婦人妖妍之態。逞風流之人耳。又曰：柔和
>
> 貌。和訓ノ，ワカワカトシタル義也。又講學未十成，謂之央庠座
>
> 主。

上堂：山僧二十餘年挑囊負鉢，向寰海之內參善知識十數餘人，自家並
無箇見處有若頑石相似。參底尊宿亦無長處可相利益。自此一生作箇百無所
解底人。幸自可憐生。忽然被業風吹到江寧府，無端被人上當推向十字路頭，
住箇破院作粥飯主人接待南北。事不獲已隨分有鹽有醋，粥足飯足且恁過時。
若是佛法不曾夢見。

> 上當：受民驅逼也。或云：被推讓而上貌也。

上堂：夜靜月明，水清魚現。金鉤一擲，何處尋蹤？提起拄杖曰：歷細歷細。

　　歷細：言汝須子細也。

示眾云：有箇漢，怪復醜，眼直鼻藍鏡面，南看北斗。解使日午金烏啼，夜半鐵牛吼。天地旋，山河走，羽族毛羣，失其所守。直得文殊普賢出此沒彼，七縱八橫，千生萬受。驀然逢著箇黃面瞿曇，不惜眉毛，再三與伊摩頂授記，云：善哉！善哉！大作佛事，希有希有。於是乎自家懍懍懼懼，惶惶藏頭縮手。召云：大眾，此話大行，何必更待三十年後？

　　藍鏡：山云：突出貌。

　　直得文殊普賢出此沒彼，七縱八橫，千生萬受：縱使文殊普賢，

　　直得被箇漢使得也。

比部孫居士，因楊岐會禪師來謁，值視斷次，公曰：某為王事所牽，何由免離？岐指曰：委悉得麼？公曰：望師點破。岐曰：此是比部弘願深廣，利濟羣生。公曰：未審如何？岐示以偈曰：應現宰官身，廣弘悲願深。為人重指處，棒下血淋淋。公於此有省。

　　視斷次：斷治公事之時也。

　　為王事所牽：言因驅某公方事，得罰人也。因何免罰人罪乎？

　　言自悔也。

白雲端禪師法嗣

蘄州五祖法演章

師遂謁浮山遠禪師，請益前話。遠云：我有箇譬喻，說似你。你一似箇三家村裏賣柴漢子，把箇匾擔向十字街頭，立地問人，中書堂今日商量甚麼事？師默計云：若如此大故未在。

　　中書堂：山云：朝廷宰相百官，議國事之堂也。

問：如何是臨濟下事？師曰：五逆聞雷。

　　五逆聞雷：幾乎喪身失命。鄉談也。方語，頭腦裂忽添愁。

曰：如何是潙仰下事？師曰：斷碑橫古路。僧禮拜。師曰：何不問法眼下事？曰：留與和尚。師曰：巡人犯夜。

　　巡人犯夜：大休云：乃巡夜之人，大意知而故犯。城中巡夜人，

　　自犯了也。

上堂：幸然無一事。行腳要參禪，卻被禪相惱，不透祖師關。如何是祖師關？把火入牛欄。

把火入牛欄：照見頭角與尾，一一分明也。要見分明也。要見分明。

上堂：難難幾何般，易易沒巴鼻，好好催人老，默默從此得。過這四重關了，泗州人見大聖。參。

好好催人老：有好事時，不覺老來也。

泗州人見大聖：方語，呵呵地。又云：慣見。又云：尋常。

僧問：承師有言，山前一片閑田地，祇如威音王已前，未審甚麼人為主？師曰：問取寫契書人。曰：和尚為甚倩人來答？師曰：祇為你教別人問。曰：與和尚平出去也。師曰：大遠在。

平出：一等之謂也。

問：如何是佛？師曰：口是禍門。又曰：肥從口入。

肥從口入：人肥えることは，口に因る。物を喫する也。

問：一代時教是箇切腳，未審切那箇字？師曰：鉢囉娘。曰：學人祇問一字，為甚麼卻答許多？師曰：七字八字。

切腳：切，切字也。腳，注腳也。

鉢囉娘：般若。梵語轉音也。

七字八字：七字者，摩訶般若波羅蜜。八字者，摩訶大般若波羅蜜也。新譯、舊譯，少有異也。

問：如何是和尚家風？師曰：鐵旗鐵鼓。曰：祇有這箇，為復別有？師曰：採石渡頭看。

採石渡頭看：放開去也。

曰：忽遇客來將何祇待？師曰：龍肝鳳髓，且待別時。曰：客是主人相師。師曰：謝供養。

客是主人相師：山云：客人能見主人之善惡。

問：如何是先照後用？師曰：王言加絲。曰：如何是先用後照？師曰：其出如綸。曰：如何是照用同時？師曰：舉起軒轅鑑，蚩尤頓失威。曰：如何是照用不同時？師曰：金將火試。

蚩尤：《史記》：蚩尤作亂不用帝命，於是黃帝乃征師〔註1〕諸

〔註1〕乃征師：三字漫糊不清，右旁朱筆「可考」二字。

　　侯，與蚩尤戰於涿鹿之野，遂禽殺蚩尤。而諸侯咸尊軒轅為天子，

　　代神農氏，是為黃帝。

　　問：牛頭未見四祖時如何？師曰：頭上戴纍垂。曰：見後如何？師曰：青布遮前。曰：未見時為甚麼百鳥銜華獻？師曰：富與貴是人之所欲。曰：見後為甚麼不銜華獻？師曰：貧與賤是人之所惡。

　　　頭上戴纍垂：事之不結脫也。又云：乃危冠結無之謂也。或云：

　　　冠上飾也。或云：纍垂者，累貌也。東坡《石榴詩》：纍垂纍垂又纍

　　　垂，壓折珊瑚枝。林云：纍垂者，唐笠〔註2〕子之體裁也。

　　　青布遮前：少少遮掩面前也。又云：布幕也。貧賤之謂也。

　　問：如何是佛？師曰：露胸跣足。曰：如何是法？師曰：大赦不放。曰：如何是僧？師曰：釣魚船上謝三郎。問：四面無門山嶽秀，箇中時節若為分？曰：東君知子細，徧地發萌芽。曰：春去秋來，事宛然也。師曰：纔方搓彈子，便要捏金剛。

　　　纔方搓彈子，便要捏金剛：或云：搓，搓繩之搓也。言作泥彈

　　　子者，謾謂造力士也。言才慣捏泥團彈等，亦要捏金剛至堅者也。

　　上堂：古人道：我若向你道，即禿卻我舌。若不向你道，即瘂卻我口。且道還有為人處也無？四面有時擬為你吞卻，祇被當門齒礙擬。為你吐卻，又為咽喉小。且道還有為人處也無？乃曰：四面自來柳下惠。

　　　四面自來柳下惠：大休云：四面，五祖所住之寺名也。柳下惠，

　　　其性和，而不事規矩。

　　上堂：太平㴑洄，事事盡經徧。如是三十年，也有人讚歎。且道讚歎且甚麼？好箇㴑洄漢。

　　　㴑洄：ムサムサトシタル心也。豕ニシシノ，ヌタウチタル

　　　ヤウノスガタナリ。

　　上堂：山僧昨日入城，見一棚傀儡，不免近前看。或見端嚴奇特，或見醜陋不堪。動轉行坐，青黃赤白，一一見了。子細看時，元來青布幔裏有人。山僧忍俊不禁，乃問：長史高姓？他道，老和尚看便了，問甚麼姓？大眾，山僧被他一問，直得無言可對，無理可伸。還有人為山僧道得麼？昨日那裏落節，今日這裏拔本。

〔註2〕唐笠：二字漫糊不清。

落節：方語，落便宜。

拔本：方語，倍利。

白雲不惜眉毛，與汝注破。得又是誰道來？不得又是誰道來？汝若更不會，老僧今夜為汝作箇樣子。乃舉手云：將三界二十八天作箇佛頭，金輪水際作箇佛腳，四大洲作箇佛身。雖然作此佛兒子了，汝諸人又卻在那裏安身立命。大眾還會也未？

作此佛兒子了：佛弟子義也。

在那裏安身立命：盡乾坤是箇佛身，諸人向何處安身立命。

潭州雲蓋山智本章

問：將心覓心，如何覓得？師曰：波斯學漢語。

波斯學漢語：學不得。波斯讀梵書，同義也。

提刑郭祥正字功甫，號淨空居士，志樂泉石，不羨紛華。因謁白雲，雲上堂曰：夜來枕上作得箇山頌，謝功甫大儒，廬山二十年之舊，今日遠訪白雲之勤，當須舉與大眾，請已後分明舉似諸方。此頌豈唯謝功甫大儒，直要與天下有鼻孔衲僧脫卻著肉汗衫。莫言不道。乃曰：上大人丘乙己，化三千七十士。爾小生八九子佳作仁可知禮也。公切疑，後聞小兒誦之，忽有省。以書報雲，雲以偈答曰：藏身不用縮頭，斂跡何須收腳。金烏半夜遼天，玉兔趕他不著。

藏身不用縮頭：言若藏得身，何必用縮頭乎？

元祐中往衢之南禪，謁泉萬卷，請陞座。公趨前拈香曰：海邊枯木，入手成香。爇向爐中，橫穿香積如來鼻孔，作此大事。須是對眾白過始得。

香積如來：言只為香取，云爾。

保寧勇禪師法嗣

鄞州月掌山壽聖智淵章

壽聖如斯舉唱，猶是化門，要且未有衲僧巴鼻。敢問諸人，作麼生是衲僧巴鼻？良久曰：布針開兩眼，君向那頭看。〔註2〕

布針開兩眼，君向那頭看：山云：無義之語也。縫布針也。針

耳兩方ヨリ看ル貌也。

〔註2〕拔萃原文未抄，此補上。

安吉州上方日益章

開堂日，上首白槌罷，師曰：白槌前觀一又不成，白槌後觀二又不是。
到這裏任是鐵眼銅睛，也須百雜碎。莫有不避危亡底衲僧，試出來看。時有
兩僧齊出，師曰：一箭落雙鵰。僧曰：某甲話猶未問，何得著忙？師曰：莫
是新羅僧麼？僧擬議，師曰：撞露柱漢。便打。問：如何是未出世邊事？師
曰：井底蝦蟆吞卻月。曰：如何是出世邊事？師曰：鷺鷥踏折枯蘆枝。曰：
去此二途，如何是和尚為人處？師曰：十成好箇金剛鑽，攤向街頭賣與誰。

> 十成好箇金剛鑽，攤向街頭賣與誰：鑽者，卓樂鑽，錐也。相
> 簍打簍用處。或云：見樓打樓也。依模樣貌也。

五祖演禪師法嗣

成都府昭覺寺克勤佛果章

問：古人道，栗橫擔不顧人，直入千峯萬峯去？未審那裏是他住處。
師曰：騰蛇纏足，路布繞身。曰：朝看雲片片，暮聽水潺潺。師曰：卻須截斷
始得。曰：此回不是夢，真箇到廬山。師曰：高著眼。

> 騰蛇纏足，路布繞身：騰蛇，蟲也。和訓，足纏也。

問：有句無句，如藤倚樹？如何得透脫？師曰：倚天長劍逼人寒。曰：
祇如樹倒藤枯，溈山為甚麼呵呵大笑？師曰：愛他底，著他底。曰：忽被學人
掀倒禪牀，拗折拄杖，又作箇甚麼伎倆？師曰：也是賊過後張弓。

> 愛他底，著他底：溈山底也。愛與著，意些子異也。

上堂：山頭鼓浪，井底揚塵。眼聽似震雷霆，耳觀如張錦繡。三百六十
骨節，一一現無邊妙身，八萬四千毛端，頭頭彰寶王剎海。不是神通妙用，亦
非法爾如然。苟能千眼頓開，直是十方坐斷。且超然獨脫一句，作麼生道？
試玉須經火，求珠不離泥。

> 寶王剎海：沙竭羅王之子在處，曰浮幢王剎也。此世界廣大也。

> 無邊妙身：無邊身菩薩也。十地菩薩也。

舒州太平慧懃佛鑑章

遂參堂。一日，聞祖舉，僧問趙州：如何是和尚家風？州曰：老僧耳聾，
高聲問將來。僧再問。州曰：你問我家風，我卻識你家風了也？師即大豁所疑。
曰：乞和尚指示極則。祖曰：森羅及萬象，一法之所印。師展拜，祖令主翰墨。

森羅及萬象，一法之所印：《華嚴經》。

後同圓悟語話次，舉東寺問仰山，鎮海明珠因緣，至無理可伸處，圓悟徵曰：既云收得，逮索此珠，又道無言可對，無理可伸。師不能加答。明日謂悟曰：東寺祇索一顆珠，仰山當下傾出一栲栳。悟深肯之。乃告之曰：老兄更宜親近老和尚去。

栲栳：如斗同者也。或云：大桶也。或云：柳器，以柳木作笊
籬，用鐵為輪。

政和初，詔住東都智海，五年乞歸，得旨居蔣山。樞密鄧公子常奏賜徽號椹服。

椹服：俗用桑椹字，桑子也。衣色似桑子也。

上堂：去年今日時，紅爐片雪飛。今日去年時，曹娥讀夜碑。末後一句子，佛眼莫能窺。白蓮峯頂上，紅日遶須彌。鳥啄珊瑚樹，鯨吞離水犀。太平家業在，千古襲楊岐。

曹娥讀夜碑：後蔡邕讀曹娥碑，後能暗手摸其文讀之。或云：
夜碑者，字不分明也。

離水犀：《普燈》作麗水，乃清水之犀。

白蓮峯頂：後開福寧章曰：晚至白蓮，聞五祖小參。

太平家業在：僧寶傳曰：五祖演晚住太平，移東山。

師室中以木骰子六隻，面面皆書么〔註3〕。字僧纔入，師擲曰：會麼？僧擬不擬，師即打出。

面面皆書么：彩有六面，書一二三四五六，是常法也。今不然。
皆書么字。大唐博易具彩一齋飜六，或飜四，則是為勝也。飜六謂
之名么也。四与〔註4〕六之目，以朱點之。翁筆也〔註5〕。或注曰：
唐人名一為么也。或注曰：六目四目出來共勝也。餘四方目打時貢
也。四六目入朱也。餘目入墨也。

舒州龍門清遠佛眼章

臨邛李氏子，嚴正寡言，十四圓具，依毗尼，究其說。因讀《法華經》，至是法非思量分別之所能解，持以問講師，講師莫能答。師嘆曰：義學名相，

〔註3〕么：當為「幺」。下同。
〔註4〕与：同「與」。
〔註5〕翁筆也：「筆」字潦草難辨，疑是。眉批有「恐是指一山翁」。

非所以了生死大事。遂卷衣南遊，造舒州太平演禪師法席。因丐於廬州，偶雨足趺仆地。煩懣間，聞二人交相惡罵。諫者曰：你猶自煩惱在。師於言下有省。及歸，凡有所問，演即曰：我不如你，你自會得好。或曰：我不會，我不如你。師愈疑，遂咨決於元禮首座。禮乃以手引師之耳，繞圍爐數币，且行且語曰：你自會得好。師曰：有冀開發，乃爾相戲耶？禮曰：你他後悟去，方知今日曲折耳。太平將遷海會，師慨然曰：吾持鉢方歸，復參隨往一荒院，安能究決己事耶？遂作偈告辭，之蔣山坐夏。邂逅靈源禪師，日益厚善，從容言話間。師曰：比見都下一尊宿語句，似有緣。靈源曰：演公天下第一等宗師，何故捨而事遠遊？所謂有緣者，蓋知解之師與公初心相應耳。師從所勉，徑趨海會，後命典謁。適寒夜孤坐，撥爐見火一豆許，恍然自喜曰：深深撥，有些子，平生事，只如此。遽起閱几上《傳燈錄》，至破竈墮因緣，忽大悟。作偈曰：刀刀林鳥啼，披衣終夜坐。撥火悟平生，窮神歸破墮。事皎人自迷，曲淡誰能和。念之永不忘，門開少人過。圓悟因詣其寮，舉青林般土話驗之。且謂，古今無人出得，你如何會？師曰：也有甚難？悟曰：祇如他道，鐵輪天子寰中旨意作麼生？師曰：我道帝釋宮中放赦書。悟退語人曰：且喜遠兄便有活人句也。

鐵輪天子：領一州也。帝釋領四州也。

上堂，卓拄杖曰：圓明了知，不由心念。抵死要道，墮坑落塹。畢竟如何？乃倚拄杖，下座。

抵死要道：言盡底要道也。

上堂：泡幻同無礙，如何不了悟。眼裏瞳人吹叫子，達法在其中，非今亦非古。六隻骰子滿盆紅。大眾，時人為甚麼坐地看揚州，鉢盂著柄新瓤樣，牛上騎牛笑殺人？

吹叫子：吹弄聲物也。其器不可一定也。山云：以小物於口中吹作聲也。

六隻骰子滿盆紅：四與六之目點朱，六隻共瓤朱目，則為勝也。唐人云以朱點四。

坐地看揚州：山云：冷地裏看好惡也。

上堂：一葉落，天下春，無路尋思笑殺人。下是天，上是地，此言不入時流意。南作北，東作西。動而止，喜而悲。蛇頭蝎尾一試之，猛虎口裏活雀兒。是何言？歸堂去。

蛇頭蝎尾：尾有針也。

上堂。蘇武牧羊，辱而不屈。李陵望漢，樂以忘歸。是在外國。在本國佛諸弟子中，有者雙足越坑，有者聆箏起舞，有者身埋糞壤，有者呵罵河神。是習氣，是妙用。至於擎叉打地，豎拂敲牀。睦州一向閉門，魯祖終年面壁。是為人，是不為人。信知一切凡夫，埋沒寶藏，殊不丈夫。諸人何不擺柁〔註6〕張帆，拋江過岸，休更釘椿搖艣，何日到家？既作曹谿人，又是家裏漢，還見家裏事麼？

雙足越坑：高淨婆羅門因位時，ナヒロ〔註7〕エノアララアラシキ振舞為習氣。

聆箏起舞：迦葉事也。

有者身埋：阿菟〔註8〕羅多。

有者呵罵河神：畢陵迦婆蹉。

拋江過岸：山云：拋棄也。拋棄江河而到岸也。

問：道遠乎哉？觸事而真。如何是道？師曰：頂上八尺五。曰：此理如何？師曰：方圓七八寸。

八尺五：佛圓光也。《普燈錄抄》云：帽子未括之尺也。

七八寸：帽子括了頭尺也。

問：劫火威音前，別是一壺天。御樓前射獵，不是刈茆田。提起坐具曰：這箇喚作甚麼？師曰：正是刈茆田。僧便喝，師曰：猶作主在。

御樓前射獵，不是刈茆田：言御樓前豈有荒田乎？

彭州大隨南堂元靜章

齋後可來祖師塔所，與汝一一按過始得。及至彼，祖便以即心即佛，非心非佛，睦州擔板漢，南泉斬猫兒，趙州狗子無佛性，有佛性之語編辟之，其所對了無凝滯。至子胡狗話，祖遽轉面曰：不是。師曰：不是卻如何？祖曰：此不是，則和前面皆不是。師曰：望和尚慈悲指示。祖曰：看他道，子胡有一狗，上取人頭，中取人腰，下取人腳。入門者好看。纔見僧入門，便道：看狗。向子胡道：看狗處下一轉語，教子胡結舌，老僧鈐口，便是你了當處。次日入室，師默啟其說。祖笑曰：不道你不是千了百當底人，此語祇似先師下底語。師曰：某何人，得似端和尚？祖曰：不然。老僧雖承嗣他，謂他語

〔註6〕柁：字跡潦草難辨。

〔註7〕ナヒロ：字跡漫糊不清，疑是。

〔註8〕菟：字跡漫糊不清，疑是。

拙，蓋祇用遠錄公手段接人故也。如老僧共遠錄公，便與百丈、黃檗、南泉、趙州輩把手共行，纔見語拙即不堪。師以為不然。乃曳杖渡江，適大水泛漲，因留。四祖儕輩挽其歸。又二年，祖方許可。嘗商略古今次，執師手曰：得汝說須是吾舉，得汝舉須是吾說。而今而後，佛祖祕要，諸方關鍵，無逃子掌握矣。遂創南堂以居之，於是名冠寰海。成都帥席公旦請開法嘉祐。未幾徙昭覺，遷能仁及大隨。〔註7〕

　　　　編辟之，其所對了無凝滯：山云：編辟，挨拶一同也。

　　　　鈐口：以鐵所束也。

　　　　得汝說須是吾舉，得汝舉須是吾說：師資唱和之貌，自他不隔
　　　之義也。

　　上堂，舉：臨濟參黃檗之語，白雲端和尚頌云：一拳拳倒黃鶴樓，一趯趯翻鸚鵡洲。有意氣時添意氣，不風流處也風流。師曰：大隨即不然。行年七十老龍鍾，眼目精明耳不聾。忽地有人欺負我，一拳打倒過關東。

　　　　行年七十老龍鍾：眼目精明，耳不聾。龍鍾，小兒行貌，或行
　　　不進貌。

　　上堂：自己田園任運耕，祖宗基業力須爭。悟須千聖頭邊坐，用向三塗底下行。

　　　　三塗底下行：化他之謂也。入三塗八難，化度有情也。言得妙
　　　用之時，隨類應化也。

　　問：學人乍入叢林，乞師指示？師曰：喫粥喫飯，莫教放在腦後。曰：終日喫時未嘗喫。師曰：負心衲子，不識好惡。

　　　　莫教放在腦後：莫以粥飯放在腦後。

　　翌日還珊口廨院，留遺誡，蛻然示寂。

　　　　珊口廨院：山云：珊口，地谷。廨院，唐之大諸山中市邑中有
　　　屋，大小不同，住持知事到時，於此止宿，如京中及鐮〔註8〕倉皆
　　　有屋數十間以居，若人坐守到時如家一同。

　　紹興乙卯秋七月，大雨雪，山中有異象。師曰：吾期至矣。

　　　　山中有異象：山云：有箇象來，異象，現諸瑞相也。

〔註7〕拔萃原文未抄，此補上。
〔註8〕鐮：字漫糊不清。

後住天童、天目。文禮作師畫像贊，可補行實之缺。因併錄此贊曰：東山一會人，唯他不唧嚼。別處著閑房，叢林難講究。邠水潭蛇出驚人，鈍鐵鍋雞啼白晝。雜劇打來，全火祗候。晚歲放疎慵，卻與俗和同。勤巴子使人勘驗，擲香貼便顯家風。定光無佛，枉費羅籠。臨行搖鐸向虛空，那知喪盡白雲宗。

邠水潭蛇出驚人：邠水羅漢和尚住邠水時，作頌曰：邠水潭中鼈鼻蛇，擬心相向使掀揄，何人抽得蛇頭出，請讀於此一句，其後無人讀，靜即以第四句。

雞啼白晝：山云：師嗜喫雞事，并見正宗贊。

全火祗候：按排待人貌。

擲香貼：見正宗贊圜悟章。香貼者，裏香量分兩者也。

定光無佛：瘞定光塔之西。或云：靜定光再來。

漢州無為宗泰章

祖一日陞堂，顧眾曰：八十翁翁輥繡毬。便下座。師欣然出眾曰：和尚試輥一輥看。祖以手作打仗鼓勢，操蜀音唱綿州巴歌曰：豆子山打瓦鼓，楊平山撒白雨，白雨下取龍女，織得絹二丈五，一半屬羅江一半屬玄武。師聞大悟，掩祖口曰：祇消唱到這裏。祖大笑而歸。

仗鼓：關云：本朝遊者，或腰邊著鼓打之。或脈？下懸鼓打之也。今此仗鼓者是也。

操蜀音：覺云：鼻音也。

豆子山：古林承云：作投子山。

蘄州五祖表自章

僧問：如何是祖師西來意？師曰：荊棘林中舞柘枝。曰：如何是佛？師曰：新生孩子擲金盆。

柘枝：舞名也。

擲金盆：東云：禪語也。何必須以孩子擲金盆之中乎？只孩子以金盆擲之也。山云：富貴之家，物生以金盆盛白湯沐之。

嘉州九頂清素章

本郡郭氏子。於乾明寺剃染，偏扣禪扃。晚謁五祖，聞舉首山答西來意

語，倏然契悟。述偈曰：顛倒顛，顛倒顛，新婦騎驢阿家牽。便恁麼，太無端，回頭不覺布衫穿。祖見，乃問：百丈野狐話，又作麼生？師曰：來說是非者，便是是非人。祖大悅。久之辭歸，住清溪，次遷九頂。太守呂公來瞻大像，問曰：既是大像，因甚麼肩負兩楹？師曰：船上無散工。至閣下，覷觀音像又問：彌勒化境，觀音何來？師曰：家富小兒嬌。守乃禮敬。

　　顛倒顛：顛沛之謂也。

　　瞻大像：山云：一座小石山，就此山鑿成大像，像身上立？建
　大殿閣。

　　船上無散工：舟中之人，皆是用力之人，無閑散者。

　勤老宿至，師問：舞劍當咽時如何？曰：伏惟尚饗。師詬曰：老賊，死去你問我。勤理前語問之。師又手揖曰：拽破。

　　拽破：兩人廝打，有人解了，是曰拽破。

元禮首座

　閩人也。受業焦山。初參演和尚於白雲。凡入室，必謂曰：衲僧家，明取緇素好。師疑之不已。一日演陞堂，舉首山新婦騎驢阿家牽語，乃曰：諸人要會麼？莫問新婦阿家，免煩路上波吒，遇飯即飯，遇茶即茶。同門出入，宿世冤家。師於言下豁如，且曰：今日緇素明矣。

　　波吒：波波役役也。馳走貌。

普融知藏

　福州人也。至五祖，入室次，祖舉倩女離魂話問之，有契。呈偈曰：二女合為一媳〔註8〕婦，機輪截斷難回互。從來往返絕蹤由，行人莫問來時路。凡有鄉僧來謁，則發閩音誦俚語曰：書頭教娘勤作息，書尾教娘莫瞌睡。且道中間說箇甚麼？僧擬對，師即推出。

　　作息：乃舉止（タチフルマイ）義。其尾亦畫莫眠之意也。

琅邪起禪師法嗣

俞道婆

　金陵人也。市油餈〔註9〕為業。常隨眾參問琅邪，邪以臨濟無位真人話示

〔註8〕媳：字漫糊不清。
〔註9〕餈：字漫糊不清。

之。一日，聞丐者唱蓮華樂云：不因柳毅傳書信，何緣得到洞庭湖？忽大悟，以飡盤投地。夫傍眡曰：你顛邪？婆掌曰：非汝境界。

　　　　蓮華樂：音落，曲名。

　　往見琅邪，邪望之，知其造詣。問：那箇是無位真人？婆應聲曰：有一無位人，六臂三頭努力瞋。一擘華山分兩路，萬年流水不知春。由是聲名藹著。凡有僧至，則曰：兒！兒！僧擬議，即掩門。佛燈珣〔註10〕禪師往勘之，婆見如前所問：珣曰：爺在甚麼處？婆轉身拜露柱。珣即踏倒曰：將謂有多少奇特？便出。婆蹶起曰：兒！兒！來！惜你則箇。珣竟不顧。

　　　　惜你則箇：惜，乃愛也。憐你之義也。則箇二字，語助也。不
　　　　可讀之。此間ノナンナンノコトノト云ウガ如シ。你ヲイトヲシ
　　　　ガルト云事也。

昭覺勤禪師法嗣

臨安府徑山宗杲大慧普覺章

遂令居擇木堂，為不釐務侍者。

　　　　擇木堂：乃朝士止息處。

　　　　不釐務侍者：釐ハ理也。山云：不治事也，只名而已。

　　右丞相呂公舜徒奏賜紫衣，佛日之號。會女真之變，其酉欲取禪僧十數人，師在選得免。

　　　　女真之變：女真，山云：北狄大金國。此乃欽宗徽宗時，大亂
　　　　東京。帝被虜而去，死於其國也。

　　上堂，舉圓通秀禪師示眾曰：少林九年冷坐，剛被神光覰破。如今玉石難分，祇得麻纏紙裏。這一箇，那一箇，更一箇，若是明眼人，何須重說破？徑山今日不免狗尾續貂，也有些子。老胡九年話墮，可惜當時放過。致令默照之徒，鬼窟長年打坐。這一箇，那一箇，更一箇，雖然苦口叮嚀，卻似樹頭風過。

　　　　麻纏紙裏：山云：眼前手段，胡亂捏合也。

　　圓悟禪師忌，師拈香曰：這箇尊慈，平昔強項，氣壓諸方，逞過頭底顢頇，用格外底儱侗。自言我以木樔子換天下人眼睛，殊不知被不孝之子將斷貫索穿卻鼻孔。

　　　　　　────────────────

〔註10〕珣：字漫糊不清。

過頭：過分意。過頭拄杖者，長過於吾身者也。

問：古鏡未磨時如何？師曰：火不待日而熱。曰：磨後如何？師曰：風不待月而涼。曰：磨與未磨時如何？師曰：交。問：不與萬法為侶者，是甚麼人？待汝一口吸盡西江水，即向汝道，意作麼生？師曰：釘釘膠黏。

釘釘膠黏：釘ヲ釘ウチ膠ヲ以テ黏（ネヤ）ス。

問：明頭來時如何？師曰：頭大尾顛纖。曰：暗頭來時如何？師曰：野馬嘶風蹄撥剌。曰：明日大悲院裏有齋，又作麼生？師曰：雪峯道底。

頭大尾顛纖：尾顛，猶言尾端也。

野馬嘶風蹄撥剌：撥剌，鳴聲也。ハリハリトナル貌。

問：我宗無語句，實無一法與人時如何？師曰：五味饡秤鎚。

五味饡秤鎚：饡，子且反，以卷〔註11〕澆飯，中有秤鎚也。猶本朝俗諺，食物有石也。

尋示微恙，八月九日，學徒問安，師勉以弘道，徐曰：吾翌日始行。至五鼓，親書遺奏，又貽書辭紫巖居士。侍僧了賢請偈，復大書曰：生也祇恁麼，死也祇恁麼。有偈與無偈，是甚麼熱大？擲筆委然而逝。平明有蛇尺許，腰首白色，伏于龍王井欄，如義服者，乃龍王示現也。四眾哀號，皇帝聞而歎惜。上製師真贊曰：生滅不滅，常住不住。圓覺空明，隨物現處。丞相以次，致祭者沓來。門弟子塔全身於明月堂之側。壽七十有五，夏五十有八。詔以明月堂為妙喜菴，諡曰普覺，塔名寶光。淳熙初，賜其全錄八十卷，隨大藏流行。

熱大不緊：和訓ノイタツラゴトト云コト也。

龍王井：在徑山。

如義服者：今言喪服也。以白為本，然此蛇腰，首白如喪服者。

平江府虎丘紹隆章

問：雪峯道：盡大地撮來如粟米粒大，拋向面前漆桶。不會打鼓，普請看。未審此意如何？師曰：一畝之地，三蛇九鼠。曰：乞師再垂指示。師曰：海口難宣。

一畝之地，三蛇九鼠：方語，惡者不少。

問：如何是大道真源？師曰：和泥合水。曰：便恁麼去時如何？師曰：

截斷草鞋跟。問：如何是佛法大意？師曰：蛇頭生角。問：古人到這裏，因甚麼不肯住？師曰：老僧也恁麼。曰：忽然一刀兩段時如何？師曰：平地神仙。

平地神仙：如白衣拜相也。不昇上而為仙人也。

潭州大溈佛性法泰章

上堂：渺渺邈邈，十方該括。坦坦蕩蕩，絕形絕相。目欲睹而睛枯，口欲談而詞喪。文殊普賢全無伎倆，臨濟德山不妨提唱。龜吞陝府鐵牛，蛇齩嘉州大像。嚇得東海鯉魚，直至如今肚脹。嘻！

嘻：一字關也。笑嘻之喜也。

上堂：火雲燒田苗，泉源絕流注。娑竭大龍王，不知在何處？以拄杖擊禪牀曰：在這裏，看！看！南山起雲北山下雨。老僧更為震雷聲，助發威光令遠布。乃高聲曰：闍弄闍弄。

闍弄闍弄：關云：雷鳴聲也。

台州護國此菴景元章

永嘉楠溪張氏子。年十八，依靈山希拱，圓具後習台教三禩，棄謁圓悟於鐘阜。因僧讀死心小參語云：既迷須得箇悟，既悟須識悟中迷，迷中悟。迷悟雙忘，卻從無迷悟處建立一切法。師聞而疑，即趨佛殿，以手托開門扉，豁然大徹。繼而執侍，機辯逸發。圓悟目為聲頭元侍者，遂自題肖像，付之曰：生平只說聲頭禪，撞著聲頭如鐵壁。脫卻羅籠截腳跟，大地撮來墨漆黑。晚年轉復沒刁刀，奮金剛椎碎窠窟。他時要識圓悟面，一為渠儂併拈出。

聲頭：山云：栗〔註12〕棘也。言其俊機妙辯也。或云：四句諺，
強物云聲頭也。不依物貌也。

沒刁刀：無分曉貌。不辨刁字與刀字之謂也。

問：昔年三平道塲重興，是日圓悟高提祖印，始自師傳？如何是臨濟宗？師曰：殺人活人不眨眼。曰：目前抽顧鑑，領略者還稀。

領略：和訓ノ合點也。

如何是法眼宗？師曰：箭鋒相直不相饒。曰：建化何妨行鳥道？回途復妙顯家風。

回途復妙顯家風：回互之處。逗到妙處，而顯家風也。

〔註12〕栗：原文作「要」。

如何是曹洞宗？師曰：手執夜明符，幾箇知天曉？曰：向上還有路也無？
師曰：有。曰：如何是向上路？師曰：黑漫漫地。僧便喝，師曰：貪他一粒
粟，失卻半年糧。

夜明符：山云：神仙符。

師退居西山，耿龍學請就淨光陞座。靈峯古禪師舉白雲見楊岐，岐令舉
茶陵悟道頌公案，請師批判。師乃曰：諸禪德，楊岐大笑，眼觀東南，意在西
北。白雲悟去，聽事不真，喚鐘作甕。檢點將來，和楊岐老漢，都在架子上將
錯就錯。若是南明即不然，我有明珠一顆，切忌當頭蹉過。雖然覿面相呈，也
須一鎚打破。舉拂子曰：還會麼？碁逢敵手難藏行，詩到重吟始見功。

都在架子上：如相撲先作架子，索戰之態也。

臨安府靈隱慧遠佛海章

上堂：新歲有來由，烹茶上酒樓。一雙為兩腳，半箇有三頭。突出神難
辨，相逢鬼見愁。倒吹無孔笛，促拍舞涼州。咄。

一雙為兩腳，半箇有三頭：和訓ノアリノママノ義也。有兩腳
者，是誰乎？半箇有三頭，有三頭是何者乎？

上堂，舉：僧問睦州：以一重去一重即不問，不以一重去一重時如何？
州曰：昨日栽茄子，今朝種冬瓜。師曰：問者善問不解答，答者善答不解問。
山僧今日，向餓鷹爪下奪肉，猛虎口裏橫身，為你諸人說箇樣子。登壇道士
羽衣輕，呪力雖窮法轉新。拇指破開天地闇，蛇頭擷落鬼神驚。

拇指破開天地闇，蛇頭擷落鬼神驚：拇指破開，乃以指結印，
開之忽然大地暗冥。或蛇頭落，或鬼神驚，皆呪術之力也。

僧問：十二時中，教學人如何用心？師曰：蘸雪喫冬瓜。問：浩浩塵中
如何辨主？師曰：木杓頭邊鎌切菜。曰：莫便是和尚為人處也無？師曰：研
槌撩飦飥。

木杓頭邊鎌切菜：當木杓減木葉也。

研槌撩飦飥：山云：使不得。

問：即心即佛時如何？師曰：頂分丫角。曰：非心非佛時如何？師曰：耳
墜金鐶。曰：不是心，不是佛，不是物，又作麼生？師曰：禿頂脩羅舞柘枝。

耳墜金鐶：墜，垂之意也。

問：東山水上行，意旨如何？師曰：初三十一，不用擇日。問：文殊是七
佛之師，為甚麼出女子定不得？師曰：擔頭不挂針。

擔頭不挂針：言重擔上，針亦不挂也。抨上不立繩，一般句法也。

問：不與萬法為侶者，是甚麼人？師曰：腳踏轆轤。一日鳴鼓陞堂，師潛坐帳中，侍僧尋之，師忽撥開帳曰：祇在這裏，因甚麼不見？僧無對。師曰：大斧斫三門。

大斧斫三門：山云：大開也。

建康府華藏密印安民章

舉古帆未挂因緣，師聞未領，遂求決。悟曰：你問我。師舉前話，悟曰：庭前栢樹子。師即洞明，謂悟曰：古人道，如一滴投於巨壑，殊不知大海投於一滴。悟笑曰：奈這漢何？未幾，令分座。悟說偈曰：休誇四分罷楞嚴，按下雲頭徹底參。莫學亮公親馬祖，還如德嶠訪龍潭。七年往返遊昭覺，三載翱翔上碧巖。今日煩充第一座，百華叢裏現優曇。

按下雲頭：山云：抑下咸光也。

後謁佛鑑於蔣山，鑑問：佛果有不曾亂為人說底句，曾與你說麼？師曰：合取狗口。鑑震聲曰：不是這箇道理。師曰：無人奪你鹽茶袋，叫作甚麼？鑑曰：佛果若不為你說，我為你說。師曰：和尚疑時，退院別參去。鑑呵呵大笑。

鹽茶袋：即僧之匙筋袋也。

上堂：眾賣華兮獨賣松，青青顏色不如紅。算來終不與時合，歸去來兮翠藹中。可笑古人恁麼道，大似逃峯赴壑，避溺投火。爭如隨分，到尺八五分鑽頭邊，討一箇半箇。雖然如是，保寧半箇也不要。何故？富嫌千口少，貧恨一身多。

尺八五分鑽頭邊，討一箇半箇：山云：不滿足也。少分有得耳。

成都府昭覺徹菴道元章

綿州鄧氏子。幼於降寂寺圓具，東遊謁大別道禪師，因看廓然無聖之語，忽爾失笑曰：達磨元來在這裏。道譽之，往參佛鑑，佛眼，蒙賞識。依圓悟於金山，以所見告，悟弗之許。悟被詔往雲居，師從之。雖有信入，終以鯁胸之物未去為疑。

鯁胸：《普燈錄》作鯁胸。胸二鯁（サハ）ル。鯁，塞也。

會悟問參徒，生死到來時如何？僧曰：香臺子笑和尚。次問師，汝作麼生？師曰：草賊大敗。悟曰：有人問你時如何？師擬答，悟憑陵曰：草賊大

敗。師即徹證。圓悟以拳擊之，師指掌大笑。悟曰：汝見甚麼便如此？師曰：
毒拳未報，永劫不忘。悟歸昭覺，命首眾。悟將順世，以師繼席焉。

> 憑陵：憑，依憑也。陵，凌侵義也。此二字出左傳。關云：和
> 訓ノイカメシゲナル貌也。

臨安府中天竺堂中仁章

淳熙甲午四月八日，孝宗皇帝詔入，賜座說法。帝舉不與萬法為侶因緣，
俾拈提。師拈罷，頌曰：秤鎚搦出油，閑言長語休。腰纏十萬貫，騎鶴上揚州。

> 秤鎚搦出油，閑言長語休：言於秤鎚搦出油處，以閑言長語不
> 可道得也。

> 腰纏十萬貫，騎鶴上揚州：《太平廣記》。

又曰：直待我豎點頭時，汝方是也。偶不職，被斥。制中無依，寓俗士
家。

> 制中無依：言復制中，故無所依也。

紹興丁巳，眉之象耳虛席，郡守謂此道塲久為蚰蜒囊橐，非名流勝士，
莫能起廢。諸禪舉師應聘，嘗語客曰：東坡云：我持此石歸，袖中有東海。
山谷云：惠崇煙雨蘆鴈，坐我瀟湘洞庭。欲喚扁舟歸去，傍人謂是丹青。比禪
髓也。又曰：我敲牀豎拂時，釋迦老子、孔夫子都齊立在下風。有舉此語似
佛海遠禪師，遠曰：此覺老語也。我此間即不恁麼。

> 蚰蜒囊橐：《句會》徒登及，《說文》神蛇也。《荀子》騰蛇無？
> 是而飛。云々。

眉州中巖華嚴祖覺章

僧問：如何是一喝如金剛王寶劍？師曰：血濺梵天。曰：如何是一喝如踞
地師子？師曰：驚殺野狐狸。曰：如何是一喝如探竿影草？師曰：驗得你骨出。
曰：如何是一喝不作一喝用？師曰：直須識取把鍼人，莫道鴛鴦好毛羽。

> 驗得你骨出：言驗得極骨出也。

潭州福嚴文演章

上堂：當陽坐斷，凡聖跡絕。隨手放開，天回地轉。直得日月交互，虎嘯
龍吟。頭頭物物，耳聞目際。安立諦上是甚麼？還委悉麼？阿斯吒！咄！

> 安立諦上：世諦門中事也。言建立門庭事也。

> 阿斯吒：大休云：大龜名也。或云：摩斯吒也。摩斯吒，獮猴也。

上堂：日日日東出，日日日西沒。是時人知有，自古自今，如麻似粟。忽然捩轉話頭，亦不從東出，亦不從西沒，且道從甚處出沒？若是透關底人，聞恁麼道，定知五里牌在郭門外。若是透不過者，往往道半山熱瞞人。

　　　五里牌在郭門外：山云：唐土州郡之外，大路有牌堆子。又云：

　　分明也。或云：如言有一重關。

太平懃禪師法嗣

常德府文殊心道章

　　眉州徐氏子。年三十得度，詣成都習唯識，自以為至。同舍詰之曰：三界唯心，萬法唯識。今目前萬象摐然，心識安在。師茫然不知對。〔註11〕

　　　今目前萬象摐然：摐然，多貌。又云：歷然露也。摐，撞也。

　　上堂：不挂田衣著羽衣，老君形相頗相宜。一年半內閑思想，大底興衰各有時。我佛如來預識法之有難，教中明載，無不委知。較量年代，正在于茲。魔得其便，惑亂正宗。僧改俗形，佛更名字。妄生邪解，刪削經文。鐃鈸停音，鉢盂添足。多般矯詐，欺罔聖君。賴我皇帝陛下，聖德聖明，不忘付囑，不廢其教，特賜宸章，頒行天下。〔註12〕

　　　鉢盂添足：山云：時僧之具，一切皆換不同，別用椀子也。

　　仍許僧尼，重新披削。實謂寒灰再焰，枯木重榮。不離俗形而作僧形，不出魔界而入佛界。重鳴法鼓，再整頹綱。迷儂酩變為甘露瓊漿，步虛詞飜作還鄉曲子。放下銀木簡，拈起尼師壇。昨朝稽首擎拳，今日和南不審。祇改舊時相，不改舊時人。〔註13〕

　　　放下銀木簡：銀木簡，笏也。

韶州南華知昺章

　　上堂：以拄杖向空中攪曰：攪長河為酥酪，鰕蟹猶自眼搭眵。

　　　搭眵：關云：盲目貌。

潭州龍牙智才章

　　上堂，彈指一下曰：彈指圓成八萬門，剎那滅卻三祇劫。若也見得行得，

〔註11〕拔萃未抄原文，此補上。
〔註12〕拔萃未抄原文，此補上。
〔註13〕拔萃未抄原文，此補上。

健即經行困即歇。若也不會，兩箇鷗鶵扛箇鼈。〔註14〕

> 兩箇鷗鶵扛箇鼈：上堂之落句也。《賢愚經》曰：兩箇鷗鶵扛箇
> 鼈，云：汝若不言不問，我等二人合觜扛汝，令到逢萊山，鼈肯定。
> 二鳥合觜扛鼈飛揚，鼈至空中，不覺問事，盧茲〔註15〕亦不覺隨答：
> 尔時所合觜相違，所扛鼈墮落，云々。私云：用處者繞當開口，喪
> 身失命欤！

安吉州何山佛燈守珣章

上堂：輘轢鑽住山斧，佛祖出頭未輕與。縱使醍醐滿世間，你無寶器如
何取？阿呵呵！神山打羅，道吾作舞。甜瓜徹蒂甜，苦瓠連根苦。

> 打羅：篩麵也。

上堂，舉婆子燒菴話。師曰：大凡扶宗立教，須是其人。你看他婆子，
雖是箇女人，宛有丈夫作略。二十年筵油費醬，固是可知。一日向百尺竿頭
做箇失落，直得用盡平生腕頭氣力。自非箇俗漢知機，泊乎巧盡拙出。然雖
如是，諸人要會麼？雪後始知松栢操，事難方見丈夫心。

> 筵油費醬：筵，竹器也。シホテ。山云：費了多少油醬。作料
> 之多費也。
>
> 失落：失卻之義也。

台州寶藏本章

上堂：清明已過十餘日，華雨闌珊方寸深。春色惱人眠不得，黃鸝飛過
綠楊陰。遂大笑，下座。

> 方寸深：方寸，心也。言華雨時節，春興尤深也。或云：華雨
> 積至寸深。方者，始也。

《五燈會元》卷第二十

龍門遠禪師法嗣

溫州龍翔竹庵士珪章

時真歇居江心，聞師至，恐緣法未熟，特過江迎歸方丈。大展九拜，以

〔註14〕拔萃未抄原文，此補上。
〔註15〕盧茲：同「鷗鶵」。

誘溫人，由是翕然歸敬。未視篆，其徒懼行規法，深夜放火，鞠為瓦礫之墟。

> 視篆：篆八印也。《職官分紀》云：節度使視叓〔註16〕三日洗
> 印，視其頑缺，又曰滌篆。山云：上任日視篆。唐諸寺皆有印子。

上堂：萬機不到，眼見色，耳聞聲。一句當堂，頭戴天，腳踏地。你諸人祇知今日是五月初一，殊不知金烏半夜忙忙去，玉兔天明上海東。以拂子擊禪牀，下座。

> 一句當堂：當頭也。當陽也。

且作麼生是出身一路？良久曰：雪壓難摧澗底松，風吹不動天邊月。

> 風吹不動天邊月，雪壓不倒澗底松：杜甫詩也。

上堂：見見之時見非是見，見猶離見見不能及。落華有意隨流水，流水無情戀落華。諸可還者，自然非汝。不汝還者，非汝而誰。長恨春歸無覓處，不知轉入此中來。喝一喝曰：三十年後莫道能仁教壞人家男女。

> 見見之時見非是見：《楞〔註17〕嚴經》第二注云：見見之時者，
> 無分別智契理之時也。上見是能見之智，下見是所見之理。今明能
> 見、所見當躰〔註18〕俱不可得，故曰見非是見。見猶離見見，云不
> 能及意，云所見之理不可得，能見之智豈得在乎？

> 諸可還者，自然非汝：《首楞嚴》七處徵心還辨見。

> 長恨春歸無覓處，不知轉入此中來：白居易詩。

上堂曰：萬年一念，一念萬年。和衣泥裏輥，洗腳上牀眠。歷劫來事，祇在如今。大海波濤湧，小人方寸深。拈起拄杖曰：汝等諸人，未得箇入頭，須得箇入頭。既得箇入頭，須有出身一路始得。大眾，且作麼生是出身一路？良久曰：雪壓難摧澗底松，風吹不動天邊月。卓拄杖，下座。

> 大海波濤湧，小人方寸深：古詩云：大海波濤湧，小人方寸深。
> 海枯終見底，人死不知心。

隆興府黃龍牧庵法忠章

宣和間湘潭大旱，禱而不應。師躍入龍淵，呼曰：業畜。當雨一尺。雨隨至。居南嶽，每跨虎出遊，儒釋望塵而拜。

〔註16〕叓：同「事」。
〔註17〕原作「棱」。
〔註18〕躰：同「體」。

跨虎：釋與道論神變。時忠先騎虎奔出。爾時道士驚避。因不
　及論而，道士皆負墮，云々。

僧問：如何是佛？師曰：莫向外邊覓。曰：如何是心？師曰：莫向外邊
尋。曰：如何是道？師曰：莫向外邊討。曰：如何是禪？師曰：莫向外邊傳。
曰：畢竟如何？師曰：靜處薩婆訶。

　　靜處薩婆訶：言向閑處可成就也。

衢州烏巨雪堂道行章

上堂：通身是口，說得一半。通身是眼，用得一橛。用不到處說有餘，說
不到處用無盡。所以道，當用無說，當說無用。用說同時，用說不同時。諸人
若也擬議，西峯在你腳底。到國清，眾請上堂。句亦剗，意亦剗，絕毫絕氂
處，如山如嶽。句亦到，意亦到，如山如嶽處，絕毫絕氂。忽若拶通一線，意
句俱到俱不到，俱剗俱不剗。直得三句外絕牢籠，六句外無標的。正當恁麼
時，一句作麼生道？傾蓋同途不同轍，相將攜手上高臺。

　　三句，六句：句亦剗意亦剗，句亦到意亦到，意句俱到俱不到
　　俱剗俱不剗，是三句也。六句者，分右三句成六句，可看也。

撫州白楊法順章

上堂：好事堆堆疊疊來，不須造作與安排。落林黃葉水推去，橫谷白雲
風卷回。寒鴈一聲情念斷，霜鐘繞動我山摧。白楊更有過人處，盡夜寒爐撥
死灰。忽有箇衲僧出來道，長老少賣弄，得恁麼窮乞相。山僧祇向他道，卻被
你道著。

　　窮乞相：乞食之中，貧乞貌也。

安吉州道場正堂明辯章

上堂：淨五眼，湧金春色晚。得五力，吹落碧桃華，唯證乃知難可測。卓
拄杖曰：一片何人得？流經十萬家。

　　湧金春色晚，吹落碧桃華：古詩也。湧金者，內裏門名也。坡
　　詩：正似西湖上，涌金門外看。次公注云：西湖指杭州也，有涌金
　　門。

上堂：三祖道：但莫憎愛，洞然明白。當時老僧若見，便與一摑。且道是
憎邪是愛邪？近來經界稍嚴，不許詭名挾佃。

　　經界稍嚴，不許詭名挾佃：佃，乃不被官知之田也。私田也。

經界稍嚴，山云：用六尺之弓，於田地之上，量過見大小闊狹，以
定租稅，古法也。佃，同年、同見二切，作田也。

上堂，舉：僧問投子，大死底人卻活時如何？子曰：不許夜行，投明須
到。師曰：我疑千年蒼玉精，化為一片秋水骨。海神欲護護不得，一旦鼇頭忽
擎出。

我疑千年蒼玉精，化為一片秋水骨：年久〔註19〕氷精變為水晶。

今卻打醱垂〔註20〕示也。

問：如何是佛？師曰：無柴猛燒火。曰：如何是法？師曰：貧做富裝裏。
曰：如何是僧？師曰：賣扇老婆手遮日。曰：如何是和尚栗棘蓬？師曰：不答
此話。曰：為甚麼不答？師大笑曰：吞不進，吐不出。

貧做富裝裏：言作富風情也。

賣扇老婆手遮日：不將扇遮面也。以手遮面，大意有而不用也。

曰：如何是一喝不作一喝用？師曰：布袋裏猪頭。曰：四喝已蒙師指示，
向上還有事也無？師曰：有。曰：如何是向上事？師曰：鋸解秤鎚，隨聲便喝。

布袋裏猪頭：布袋裏老鴉。方語，雖活如死。

鋸解秤鎚：方語，無入頭處。

佛眼忌拈香，龍門和尚闡提潦倒，不信佛法，滅除禪道。捹破毘盧向上
關，猫兒洗面自道好。一炷沈香爐上然，換手槌胸空懊惱。遂搖手曰：休懊
惱。以坐具搭肩上，作女人拜，曰：莫怪下房媳婦觸忤大人好。

猫兒洗面自道好：猫兒尋常舐手，以拭面如洗面。

下房媳婦觸忤大人好：媿恐之貌。媳婦八和訓ノヨメ也。

臨終登座，拈拄杖於左邊，卓一下曰：三十二相無此相。於右邊卓一下
曰：八十種好無此好。僧繇一筆畫成，誌公露出草薹。又卓一下，顧大眾曰：
莫懊惱，直下承當休更討。下座歸方丈，儼然趺坐而逝。

僧繇一筆畫成，誌公露出草薹：僧繇欲畫誌公像，終畫不就。

時誌公擘開面皮，露出十一面觀音。今薹草，指此事也。言草木也。

給事馮楫濟川居士

紹興丁巳，除給事。會大慧禪師就明慶開堂，慧下座，公挽之曰：和尚

〔註19〕久：漫漶不清，疑是。
〔註20〕垂：字漫糊不清。

每言於士大夫前曰：此生決不作這蟲豸，今日因甚卻納敗缺？慧曰：盡大地是箇呆上座，你向甚處見他？公擬對，慧便掌。公曰：是我招得。

> 蟲豸：虫乃鱗介総名。豸，直爾切。無足族總謂之豸。又獸之
> 長。彳云：野槌也。

公張目，索筆書曰：初三十一，中九下七，老人言盡，龜哥眼赤。竟爾長往。

> 老人：濟川自謂也。

> 龜哥眼赤：稱呼龜為哥，哥者兄之義。

開福寧禪師法嗣

潭州大溈月菴善果章

言州餘氏子。上堂：奚仲造車一百輻，拈卻兩頭除卻軸。以拄杖打一圓相曰：且莫錯認定盤星。卓一卓，下座，謝供頭。

> 供頭：供養主也。化主也。

上堂：解猛虎頷下金鈴，驚羣動眾。取蒼龍穴裏明珠，光天照地。山僧今日到此，讚歎不及。汝等諸人，合作麼生？豎起拂子曰：眨上眉毛，速須薦取。擲拂子，下座。

> 金鈴，明珠：指供養物。

問：有句無句，如藤倚樹時如何？師曰：驗盡當行家。

> 當行家：當任之家。作家一般也。

曰：樹倒藤枯，句歸何處？又作麼生？師曰：風吹日炙。曰：溈山呵呵大笑，聻。師曰：波斯讀梵字。

> 波斯讀梵字：方語注云：佛字也不知。他人曉不得。

常德府梁山廓菴師遠章

合川魯氏子。上堂，舉楊岐三腳驢子話，乃召大眾曰：楊其湯者，莫若撲其火，壅其流者，莫若杜其源。此乃智人之明鑒，佛法之至論，正在斯焉。這因緣，如今叢林中提唱者甚多，商量者不少。有般底，祇道宗師家無固必，凡有所問，隨口便答。似則也似，是即未是。若恁麼，祇作箇乾無事會。不見楊岐用處，乃至祖師，千差萬別，方便門庭，如何消遣？又有般底，祇向佛邊會，卻與自己沒交涉。古人道：凡有言句，須是一一消歸自己，又作麼生？又有般底，一向祇作自己會，棄卻古人用處，唯知道明自己事，古人方便卻如何消遣？

既消遣不下，卻似抱橋柱澡洗，要且放手不得。此亦是一病。又有般底，卻去腳多少處會？若恁麼會，此病最難醫也。所以他語有巧妙處，參學人卒難摸索，纔擬心則差了也。前輩謂之楊岐宗旨，須是他屋裏人，到恁麼田地，方堪傳授。若不然者，則守死善道之謂也。這公案直須還他透頂徹底漢，方能了得。此非止禪和子會不得，而今天下叢林中，出世為人底，亦少有會得者。若要會去，直須向威音那畔，空劫已前，輕輕覷著，提起便行，捺著便轉。卻向萬仞峯前進一步，可以籠罩古今，坐斷天下人舌頭。如今還有恁麼者麼？有則出來道看。如無更聽一頌，三腳驢子弄蹄行，直透威音萬丈坑。雲在嶺頭閑不徹，水流澗下太忙生。湖南長老誰解會，行人更在青山外。

　　抱橋柱澡洗，要且放手不得：多少不自由。山云：三腳驢子弄
　　蹄行等話也。此則上舉驢子話。

　　卻去腳多少處會：見此終抱橋者，一處止腳病也。去此病，又
　　會多處病也。

　　他語有巧妙處：指三腳驢子話也。

　　湖南長老：方語，東道西語。又唐風俗呼理會不得者，以為湖
　　南長老也。所謂近日湖南暢和尚出世東道西語，是也。

　　守死善道：《論語》第四《泰伯篇》第八曰：子曰：篤信好學，
　　守死善道。注云：不守死，則不能以善其道；然守死而不足以善其
　　道，則亦徒死而已。《普燈抄》云：此語出《論語》，然用處稍別，
　　言只守一隅，不得自在也。

徑山杲禪師法嗣

泉州教忠晦菴彌光章

遂出嶺，謁圓悟禪師於雲居。次參黃檗祥高菴悟，機語皆契。以淮楚盜起，歸謁佛心，會大慧寓廣，因往從之。

　　淮楚盜起：紹興四年乙丑，偽齊以虜分道入寇。云々。壬申金
　　人及偽齊之兵分道侵淮。云々。

經旬，因記海印信禪師拈曰：雷聲浩大雨點全無。始無滯，趨告慧。慧以舉道者見琅邪并玄沙未徹語詰之。師對已，慧笑曰：雖進得一步，祇是不著所在。如人斫樹，根下一刀，則命根斷矣。汝向枝上斫其能斷命根乎？

　　不著所在：不得落居處也。

江州東林卍庵道顏章

上堂：客舍久留連，家鄉夕照邊。簷懸三月雨，水沒兩湖蓮。鑊漏燒燈盞，柴生滿竈煙。已忘南北念，入望盡平川。

　　鑊漏燒燈盞：鑊，油沙？鑼也。貧乏之謂也。無柴可燒，故以盞為柴也。

　　平川：今所對境致也。盡者，盡乾坤之謂也。師潼川人也。

上堂：旃檀林，無雜樹，鬱密深沈師子住。所以旃檀叢林，旃檀圍繞。荊棘叢林，荊棘圍繞。一人為主，兩人為伴，成就萬億國土。士農工商，若夜叉，若羅剎，見行魔業，優哉游哉，聊以卒歲。

　　一人為主，兩人為伴：言一人居則為主，兩人居則共為伴。

曰：三寶已蒙師指示，向上宗乘事若何？師曰：王喬詐仙得仙。僧呵呵大笑，師乃叩齒。

　　王喬詐仙得仙：王喬有三。同姓名。有太子晉王喬m有葉令王喬，食肉芝王喬，乃蜀中神仙也。

福州東禪蒙菴思岳章

上堂：蛾羊蟻子說一切法，牆壁瓦礫現無邊身。見處既精明，聞中必透脫。所以雪峯和尚凡見僧來，輒出三箇木毬，如弄雜劇相似。玄沙便作斫牌勢，卑末謾道將來，普賢今日謗古人，千佛出世，不通懺悔。這裏有人謗普賢，定入拔舌地獄。且道謗與不謗者，是誰心不負人，面無慚色。

　　卑末謾道將來：卑末，林云：卑末者人名也。或云：卑種之末學也。卑末，卑賤也。

上堂：若欲正提綱，直須大地荒。欲來衝雪刄，未免露鋒鋩。當恁麼時，釋迦老子出頭不得即不問，你諸人祇如馬鐙裏藏身，又作麼生話會？

　　馬鐙裏藏身：此處藏身如何？

上堂：祖佛頂顊上，有浹天大路。未透生死關，如何敢進步？不進步，大千沒遮護。一句絕言詮，那吒擎鐵柱。

　　浹天：《普燈》作破天。抄云：破者開義也。或云：衝破虛空路，獨步丹宵也。

　　那吒擎鐵柱：山云：大王棒搭也。那吒說大也。

溫州鴈山能仁枯木祖元章

慧以偈贈之曰：萬仞崖頭解放身，起來依舊卻惺惺。饑餐渴飲渾無事，那論昔人非昔人。

> 那論昔人非昔人：山谷詩：白髮蒼顏重到此，問君還是昔人非。
>
> 注：梵志出家，白髮而歸。隣人見之曰：昔人尚在乎？梵志云。吾猶昔人，非昔人也。

建康府蔣山一菴善直章

德安雲夢人。初參妙喜於迴鴈峯下。一日，喜問之曰：上座甚處人？師曰：安州人。喜曰：我聞你安州人會廝撲，是否？師便作相撲勢。喜曰：湖南人喫魚，因甚湖北人著鮫？師打筋斗而出。喜曰：誰知冷灰裏，有粒豆爆出。

> 著鮫：懷州牛喫禾，益州馬胎脹，一般也。

上堂：諸佛不曾出世，人人鼻孔遼天。祖師不曾西來，箇箇壁立千仞。高揖釋迦，不拜彌勒，理合如斯。坐斷千聖路頭，獨步大千沙界，不為分外。若向諸佛出世處會得，祖師西來處承當，自救不了，一生受屈。莫有大丈夫承當大丈夫事者麼？出來與保寧爭交。其或未然，不如拽破好。便下座。

> 爭交：爭義也。《戰》卷十一，《寶壽和尚》第二世章：一日，街頭見兩人交爭，揮一拳曰：你得恁麼無面目。師當下大悟，走見寶壽。云々。

一日，留守陣丞相俊卿會諸山茶話次，舉有句無句，如藤倚樹公案，令諸山批判。皆以奇語取奉。師最後曰：張打油，李打油，不打渾身只打頭。陳大喜。

> 取奉：張商英傳曰：今之士大夫，受人取奉慣，恐其惡發別生事也。受人取奉者，取禮物之謂也。取奉二字，亦見十八，三十丁。

溫州淨居尼妙道章

曰：如何是佛法大意？師曰：骨底骨董。

> 骨底骨董：只是雜物也。

平江府資壽尼無著妙總章

大慧老師言：道人理會得。且如何會？師曰：已上供通，並是詣實。

> 已上供通，並是詣實：言上來所伸，實而非虛妄也。

侍郎無垢居士張九成

屆明，謁法印一禪師，機語頗契。適私忌，就明靜菴供雲水主僧惟尚禪師，纔見乃展手，公便喝。尚批公頰，公趨前。尚曰：張學錄何得謗《大般若》？公曰：某見處祇如此，和尚又作麼生？尚舉馬祖陞堂，百丈卷席話詰之。敘語未終，公推倒卓子。尚大呼，張學錄殺人。公躍起，問傍僧曰：汝又作麼生？僧罔措。公毆之，顧尚曰：祖禰不了，殃及兒孫。尚大笑。公獻偈曰：卷席因緣也大奇，諸方聞舉盡攢眉。臺盤趯倒人星散，直漢從來不受欺。尚答曰：從來高價不饒伊，百戰場中奮兩眉。奪角衝關君會也，叢林誰敢更相欺。

> 私忌：妻子等忌日也。

> 高價不饒伊：高價モ不及伊之義。

丙子春，蒙恩北還。道次新淦而慧適至，與聯舟劇談宗要，未嘗語往事。《于氏心傳錄》曰：憲自嶺下侍舅氏歸新淦，因會大慧，舅氏令拜之。

> 于氏心傳錄：于心張無垢之姪。于憲所作之錄也。同ク憲自嶺
> 下舅氏無垢也。

憲曰：素不拜僧。舅氏曰：汝姑扣之。憲知其嘗執卷，遂舉子思中庸天命之謂性，率性之謂道，脩道之謂教三句，以問慧曰：凡人既不知本命元辰下落處，又要牽好人入火坑，如何聖賢於打頭一著不鑿破。憲曰：吾師能為聖賢鑿破否？

> 聖賢：指儒者也。

> 打頭：最初也。

侍郎無垢居士張九成

因取華嚴善知識，日供其二回食，以飯緇流。又嘗供十六大天，而諸位茶杯悉變為乳。

> 日供其二回食，以飯緇流：供二度了後自喫，又與緇流也。或
> 云：供二回食者，供二時粥飯也。

虎丘隆禪師法嗣

明州天童應庵曇華章

以拄杖畫一畫曰：石牛攔古路，一馬生三寅。

> 一馬生三寅：三寅，三虎也。方語，惡物不少。

上堂：若作一句商量，喫粥飯阿誰不會？不作一句商量，屎坑裏蟲子笑殺闍黎。拈拄杖曰：拄杖子罪犯彌天，貶向二鐵圍山，且道薦福還有過也無？卓拄杖曰：遲一刻。

　　若作一句商量，喫粥飯阿誰不會。不作一句商量，屎坑裏蟲子：

　　言向開口處會，喫粥喫飯，皆是開口，誰不會。若向不開口處會，

　　屎坑裏蟲子，又不會言句也。

　　笑殺闍黎：不開口則被笑，談文解義者也。

　　遲一刻：蹉過了。

上堂：飯籮邊，漆桶裏，相唾饒你潑水，相罵饒你接觜。黃河三千年一度清，蟠桃五百年一次開華。鶴勒那咬定牙關，朱頂王呵呵大笑。歸宗五十年前有一則公案，今日舉似諸人，且道是甚麼公案？王節級，失卻帖。

　　王節級，失卻帖：王，姓也，節級，官也。言無所據意也。王

　　節級者，定使ゴトキモノ也。古鈔云：王節級者，本朝ノ黑裩也。

　　常時所持之帖失卻？也。大休云：節級乃兵卒也。

上堂：三十二相，八十種好，從朝至暮，啾啾唧唧。說黃道黑，不知那裏是二時？上堂：喫粥喫飯，不覺嚼破舌頭。血濺梵天，四天之下，需然有餘。玉皇大帝發，追東海龍王，向金輪峯頂鞫勘。頃刻之間，追汝諸人作證見也。且各請依實供通，切忌回避。儻若不實，喪汝性命。

　　且各請依實供通：モノヲアリノママニ白狀スル心也。

上堂：五百力士揭石義，萬似崖頭撒手行。十方世界一團鐵，虛空背上白毛生。直饒拈卻膩脂帽子，脫卻鶻臭布衫，向報恩門下，正好喫棒。何故？半夜起來屈膝坐，毛頭星現衲僧前。

　　半夜起來屈膝坐，毛頭星現衲僧前：毛頭星，惡星名也。火羅

　　計孛，此四星惡也。火星謂之毛頭星。

僧問：婆子問巖頭，呈橈舞棹則不問，且道婆手中兒子甚處得來？巖頭扣船舷三下，意旨如何？師曰：爀磚打著連底凍。

　　爀磚打著連底凍：大休云：如天寒連水底皆冰，以燒熱石打著

　　則到底也。言作家相見一見便見也。

曰：僧問雲門，如何是清淨法身？雲門曰：華藥欄。此意如何？師曰：深沙努眼睛。

　　華藥欄：華之欄也。此義妙也。

問：祇這是埋沒自己，祇這不是孤負先聖？去此二途，和泥合水處，請師道。師曰：玉箸撐虎口。

　　　玉箸撐虎口：好手段也。是弄嶮也。

問：人皆畏炎熱，我愛夏日長？熏風自南來，殿閣生微涼時如何？師曰：倒戈卸甲。

　　　倒戈卸甲：太平時節也。

虎丘忌日，拈香曰：平生沒興，撞著這無意智老和尚，做盡伎倆，湊泊不得。從此卸卻干戈，隨分著衣喫飯。二十年來坐曲彔木，懸羊頭賣狗肉。知他有甚憑據？雖然，一年一度燒香日，千古令人恨轉深。

　　　沒興：忽然之義也。不慮之義也。

育王裕禪師法嗣

安吉州道場無庵法全章

一日，聞僧舉五祖頌云趙州露刃劍，忽大悟，有偈曰：鼓吹轟轟祖半肩，龍樓香噴益州船。有時赤腳弄明月，踏破五湖波底天。

　　　龍樓香噴益州船：言益州船造覆龍樓香也。或云：西川益州有
　　　香多也。

上堂，拈拄杖曰：汝等諸人，箇箇頂天立地，肩橫榔栗，到處行腳，勘驗諸方，更來這裏覓箇甚麼？纔輕輕捹著，便言天台普請，南嶽遊山。我且問你，還曾收得大食國裏寶刀麼？卓拄杖曰：切忌口銜羊角。

　　　口銜羊角：《事苑》云：無出處。林云：閉口貌。蓋有羊角煎云
　　　者，和訓ノニベ也。古語云：含糊不辨一般也。羊角，見《事苑》
　　　第六十一丁，王子寶刀事也。

大潙泰禪師法嗣

澧州靈巖仲安章

次至僧堂前，師捧書問訊首座。座曰：玄沙白紙，此自何來？師曰：久默斯要，不務速說。今日拜呈，幸希一覽。座便喝。師曰：作家首座。座又喝。師以書便打，座擬議。師曰：未明三八九，不免自沈吟。

　　　未明三八九，不免自沈吟：山云：機語也。或說云：三八與九合
　　　則三十三也。乃四七二三也。言若未達宗旨家手段，只是空沈吟者也。

卻顧師，問曰：空手把鉏頭，步行騎水牛。人從橋上過，橋流水不流。意作麼生？師鞠躬曰：所供並是詣實。眼笑曰：元來是屋裏人。

> 所供並是詣實：言前語已詣實。

又往見五祖自和尚，通法眷書。祖曰：書裏說箇甚麼？師曰：文彩已彰。曰：畢竟說箇甚麼？師曰：當陽揮寶劍。曰：近前來，這裏不識幾箇字。師曰：莫詐敗。祖顧侍者曰：是那裏僧？曰：此上座向曾在和尚會下去。祖曰：怪得恁麼滑頭。師曰：被和尚鈍置來。

> 怪得恁麼滑頭：滑頭者，口快利之謂也。

> 當陽揮寶劍：山云：須是作家始得，誰放當鋒。

> 莫詐敗：山云：虛偽也。

成都府昭覺辯章

上堂：毫釐有差，天地懸隔。隔江人唱鷓鴣詞，錯認胡笳十八拍。要會麼？欲得現前，莫存順逆。五湖煙浪有誰爭。自是不歸歸便得。

> 胡笳十八拍：胡笳之曲也。胡國人卷蘆葉吹之。十八拍者，有
> 十八種柏子。言錯鷓鴣認胡笳也。

護國元禪師法嗣

台州國清簡堂行機章

登座說法云：圓通不開生藥鋪，單單只賣死貓頭。不知那箇無思算，喫著通身冷汗流？

> 不知那箇無思算：無思算者，不辨物理貌。和訓，不覺于物之
> 謂也。

上堂：單明自己，樂是苦因。趣向宗乘，地獄劫住。五日一參，三八普說，自揚家醜。更若問理問事，問心問性，克由巨耐。

> 克由巨耐：克由者，至極之義也。

若是英靈漢，窺藩不入，據鼎不嘗，便於未有生佛已前轉得身，卻於今時大官路上捷行闊步，終不向老鼠窟，草窠裏頭出頭沒。若也根性陋劣，要去有滋味處咬嚼，遇著義學阿師，遞相錮鏴，直饒說得雲興雨現，也是蝦蟇化龍，下梢依舊，喫泥喫土，堪作甚麼？

> 下梢：末後之義也。

上堂：無隔宿恩，可參臨濟禪。有肯諾意，難續楊岐派。窮廝煎，餓廝

炒，大海祇將折箸攪，你死我活，猛火然鐺煮佛喋。恁麼作用，方可撐門拄戶。更說聲和響順，形直影端，驢年也未夢見。

> 無隔宿恩：山云：無恩義。隔一夜，便忘了。或云：臨濟云：逢佛殺佛逢祖殺祖，無情無義，不知恩者，可參臨濟禪。一切截斷了，何恩之有？或云：留令一宿，乃是恩也。要繼臨濟，須具奪食之手也。又無隔宿恩者，無些些恩也。

> 有肯諾意，難續楊岐派：乃嫌承當之處也。

> 窮廝煎，餓廝炒：貧窮如相煎，飢餓如相炒。

鎮江府焦山或菴師體章

台州羅氏子。上堂，舉臨濟示眾四喝公案，乃召眾曰：這箇公案，天下老宿拈掇甚多，第恐皆未盡善。焦山不免四稜著地，與諸人分明注解一喝。

> 四稜著地：今之用處，和泥合水之義也。

上堂：道生一，無角鐵牛眠少室。一生二，祖父開田說大義。二生三，梁間紫燕語呢〔註21〕喃。三生萬物，男兒活計離窠窟。多處添，少處減，大蟲怕喫生人膽。有若無，實若虛，爭掩驪龍明月珠。是則是，祇如焦山坐斷諸方舌頭一句，作麼生道？肚無偏僻病，不怕冷油齏。拍禪牀，下座。

> 大蟲怕喫生人膽：虎喫生而後悔自缺耳。是即天性業報也。不縱喫人也。又，虎喫生人，即驚也。錯見人成畜類害之也。若見人，必自悔攣耳也。

> 有若無，實若虛：《論語‧泰伯》：曾子云：以能問於不能，以多問於寡；有若無，實若虛，犯而不校，昔者吾友嘗從事於斯。云云。

> 肚無偏僻病：疾癖病也。言肚病也。

> 冷油齏：冷物油之類也。

僧問：如何是即心即佛？師曰：鼎州出獰爭神。曰：如何是非心非佛？師曰：閩蜀同風。曰：如何是不是心，不是佛，不是物？師曰：窮坑難滿。

> 鼎州出獰爭神：大休云：鼎州有神，神甚著。國中人每年祭之，以生牲。夾山行腳時到此，拜神廟。神廟傾崩，蛇神纏兩山死。故曰夾山。

〔註21〕呢：字漫糊不清。

閩蜀同風：南蜀西蜀，其風同也。

窮坑難滿：或云：貧窮坑也。

問：我有沒絃琴，久居在曠野？不是不會彈，未遇知音者。知音既遇，未審如何品弄？師曰：鐘作鐘鳴，鼓作鼓響。曰：雲門放洞山三頓棒，意旨如何？師曰：和身倒，和身攤。

和身倒，和身攤：言通身倒地，攤地也。

淳熙己亥八月朔示微疾，染翰別郡守曾公，逮夜半，書偈辭眾曰：鐵樹開華，雄雞生卵，七十二年，搖籃繩斷。擲筆示寂。

搖籃繩斷：命根斷絕貌也。

常州華藏湛堂智深章

武林人也。佛涅槃日，上堂。兜率降生，雙林示滅。掘地討天，虛空釘橛。四十九年，播土揚塵。三百餘會，納盡敗缺。盡力布網張羅，未免喚龜作鱉。末後拘尸城畔槨示雙趺。旁人冷眼看來大似弄巧成拙。卓拄杖曰：若無這箇道理，千古之下，誰把口說。且道是甚麼道理？癡人面前切忌漏洩。

誰把口說：クチカタリ也。

靈隱遠禪師法嗣

慶元府東山全菴齒己章

泉〔註22〕州謝氏子。上堂，舉：脩山主偈曰：是柱不見柱，非柱不見柱。是非已去了，是非裏薦取。召大眾曰：薦得是，移華兼蝶至。薦得非，擔泉帶月歸。是也好，鄭州梨勝青州棗。非也好，象山路入蓬萊島。是亦沒交涉，踏著秤錘硬似鐵。非亦沒交涉，金剛寶劍當頭截。阿呵呵！會也麼？知事少時煩惱少，識人多處是非多。蓮社會道友，請上堂。漸漸雞皮鶴髮，父少而子老，看看行步蹡蹡〔註23〕，疑殺木上座。直饒金玉滿堂，照顧白拈賊，豈免衰殘老病，正好著精彩。任汝千般快樂，渠儂合自由。無常終是到來，歸堂喫茶去。唯有徑路脩行，依舊打之遶。但念阿彌陀佛，念得不濟事。復曰：噁。這條活路，已被善導和尚直截指出了。也是你諸人，朝夕在徑路中往來，因甚麼當面蹉過阿彌陀佛？這裏薦得，便可除迷倒障，拔猶豫箭，截疑惑網，

〔註22〕泉：字漫糊不清。

〔註23〕蹡蹡：字漫糊不清。

斷癡愛河，伐心稠林，浣心垢濁，正心諂曲，絕心生死，然後轉入那邊，擡起腳，向佛祖履踐不到處進一步。開卻口，向佛祖言詮不到處說一句。喚回善導和尚，別求徑路脩行。其或準前，捨父逃走，流落他鄉，撞東磕西，苦哉！阿彌陀佛！撫州疎山歸雲如本禪師，台城人也。

> 是柱不見柱，非柱不見柱：只是是非之謂也。於柱字不可求義也。或可云是梁，或可云是棟也。《天台止觀》：是柱非柱，所緣之境〔註24〕界也，於自身眼見，境生分別也。

> 象山路入蓬萊島：明州有蓬萊島，其路過於象山也。

> 漸漸雞皮鶴髮……但念阿彌陀佛：善導和尚勸化偈也。雞皮者皮強，鶴髮者髮強也。共老之兆也。

> 父少而子老：父母主人公也。主人公不老而偏位色體次第老去也。

撫州疏山歸雲如本章

上堂：久雨不晴戊在丙丁。通身泥水，露出眼睛。且道是甚麼眼睛？卓拄杖曰：林間泥滑滑時叫兩三聲。

> 久雨不晴戊在丙丁：雨晴戊年在丙丁日也。或云：一旬之中丙丁中有戊日也。

> 泥滑滑：竹雞鳴聲也。白蟻聾〔註26〕竹雞聲，盡化為水，其聲自呼泥滑滑是也。ツグミ也。

覺阿上人章

日本國藤氏子也。十四得度受具，習大小乘有聲。二十九，屬商者自中都回，言禪宗之盛，阿奮然拉法弟金慶航海而來，袖香拜靈隱佛海禪師。海問其來，阿輒書而對。復書曰：我國無禪宗，唯講五宗經論。國主無姓氏，號金輪王，以嘉應改元，捨位出家，名行真，年四十四。王子七歲，令受位，今已五載。度僧無進納，而講義高者賜之。某等仰服聖朝遠公禪師之名，特詣丈室禮拜，願傳心印，以度迷津。且如心佛及眾生，是三無差別，離相離言，假言顯之，禪師如何開示？海曰：眾生虛妄見，見佛見世界。阿書曰：無明因何而有？海便打。阿即命海陞座決疑。明年秋，辭遊金陵，抵長蘆江岸，聞皷聲忽大悟，

〔註24〕境：原作「竟」。
〔註26〕聾：同「聞」。

始知佛海垂手旨趣。旋靈隱，述五偈敍所見，辭海東歸。偈曰：航海來探教外傳，要離知見脫蹄筌。諸方參徧草鞋破，水在澄潭月在天（其一）。掃盡葛藤與知見，信手拈來全體現。腦後圓光徹大虛，千機萬機一時轉（其二）。妙處如何說向人，倒地便起自分明？驀然踏著故田地，倒裹幞頭孤路行（其三）。求真滅妄元非妙，即妄明真都是錯。堪笑靈山老古錐，當陽拋下破木杓（其四）。豎拳下喝少賣弄，說是說非入泥水。截斷千差休指注，一聲歸笛囉囉哩（其五）。海稱善，書偈贈行。歸本國，住叡山寺，泊通嗣法書，海已入寂矣。

　　五宗：法相三論、華嚴〔註27〕、天台之真言也。

　　阿奮然拉法弟金慶航海而來：與金慶比丘相伴，度唐而參膳〔註28〕堂。云云。錄中有之。

　　王子七歲：高倉院，諱憲仁，嘉應改年，己丑即位，方九歲也。

　　嘉應：後白河院年號。

　　王子七歲：二條院行真，後白河院御諱。後白河院，諱雅仁，法名行真。鳥羽院第四子。建久三年壬子春三月崩，壽六十六。己丑年出家。《覺阿傳》在《元亨釋書》第六。

　　無進納：大唐進上錢作僧也。日本賜度牒時不進私錢等也。

華藏民禪師法嗣

臨安府徑山別峯寶印章

　　上堂：三世諸佛，以一句演百千萬億句，收百千萬億句祇在一句。祖師門下，半句也無。祇恁麼，合喫多少痛棒。諸仁者，且諸佛是，祖師是。若道佛是祖不是，祖是佛不是，取捨未忘。若道佛祖一時是，佛祖一時不是，顢頇不少。且截斷葛藤一句作麼生道？大蟲裹紙帽，好笑又驚人。

　　密〔註29〕印：華藏安民也。傳同還里，住中峯。云々。曰雲橋州〔註30〕。俗兄者，印別峯。俗弟者，宣石橋也。

　　大蟲裹紙帽，好笑又驚人：方語，好笑。又云：驚人。或云：和訓ノ，ヲソロシクヲカシキ也。

〔註27〕嚴：原文作「𡳃」。
〔註28〕膳：字漫糊不清。
〔註29〕密：疑是「寶」。
〔註30〕曰雲橋州：字漫糊不清，疑是。

復舉：僧問巖頭：浩浩塵中，如何辨主？頭云：銅沙鑼裏滿盛油。師曰：大小巖頭打失鼻孔。忽有人問保寧，浩浩塵中如何辨主？祇對他道，天寒不及卸帽。

> 銅沙鑼裏滿盛油：方語，太嶮生。或云：綿密之用處也。罰人法盛油戴之，見《涅槃經》。

師至徑山，彌浹，孝宗皇帝召對選德殿稱旨。

> 彌浹：山云：十餘日也。浹辰，十二日也。見，尚書。

入對日，賜肩輿於東華門內。十年二月，上注圓覺經，遣使馳賜，命作序。

> 東華門：內裏門名也。賞翫之至也。

文殊禪師法嗣

潭州楚安慧方章

本郡許氏子。參道禪師於大別，未幾改寺為神霄宮，附商舟過湘南，舟中聞岸人操鄉音，厲聲云：叫那。由是有省，即說偈曰：沔水江心喚一聲，此時方得契平生。多年相別重相見，千聖同歸一路行。

> 叫那：喚人聲也。

上堂：臨老方稱住持，全無些子玄機。開口十字九乖，問東便乃答西。如斯出世，討甚玄微？有時拈三放兩，有時就令而施。雖然如是，同道方知。且道知底事作麼生？直須打飜鼻孔始得。

> 十字九乖：十二九乖也。

> 就令而施：言如法行也。《莊子》。

常德府文殊思業章

世為屠宰，一日戮猪次，忽洞徹心源，即棄業為比丘。述偈曰：昨日夜叉心，今朝菩薩面。菩薩與夜叉，不隔一條線。往見文殊，殊曰：你正殺猪時見箇甚麼，便乃剃頭行腳？師遂作鼓刀勢。殊喝曰：這屠兒參堂去。

> 作鼓刀勢：山云：運刀之勢。

婺州義烏稠巖了贊章

上堂，舉趙州狗子無佛性話，乃曰：趙州狗子無佛性，萬疊青山藏古鏡。赤腳波斯入大唐，八臂那咤行正令。咄。

赤腳波斯入大唐：方語，賣弄，放憨，買峭。

待制潘良貴居士，字義榮。年四十，回心祖闈，所至挂鉢，隨眾參扣。後依佛燈，久之不契。因訴曰：某祇欲死去時如何？燈曰：好箇封皮，且留著使用，而今不了不當，後去忽被他換卻封皮，卒無整理處。

> 封皮：形骸也。此居士悟道遲故，欲自殺。師禁之曰：留此身
> 可脩道。

公又以南泉斬貓兒話問曰：某看此甚久，終未透徹？告和尚慈悲。燈曰：你祇管理會別人家貓兒，不知走卻自家狗子。公於言下如醉醒。燈復曰：不易，公進此一步，更須知有向上事始得。如今士大夫說禪說道，祇依著義理便快活。大率似將錢買油餈，喫了便不饑。其餘便道是瞞他，亦可笑也。公唯唯。

> 其餘便道是瞞他，亦可笑也：士大夫見解如此也。故又可笑也。

只放〔註31〕理路，纔作快活，而費氣力而已。他者，我也。其餘者，
貪義理快活之外類也。

龍翔珪禪師法嗣

南康軍雲居頑菴德昇章

漢州何氏子。二十得度，習講久之。棄謁文殊道禪師，問佛法省要。殊示偈曰：契丹打破波斯寨，奪得寶珠村裏賣。十字街頭窮乞兒，腰間挂箇風流袋。

> 契丹打破波斯寨：契丹國者北地也。波斯國者，南海也。二國
> 互不相及。然云打破其寨者，即是禪話也。

> 風流袋：人風流也。

入閩至鼓山禮覲，便問：國師不跨石門句，意旨如何？竹菴應聲喝曰：閑言語。師即領悟。住後，僧問：應真不借三界高超即不問，如何是無位真人？師曰：聞時富貴，見後貧窮。曰：擡頭須掩耳，側掌便飜身。師曰：無位真人在甚麼處？曰：老大宗師，話頭也不識。師曰：放你三十棒。

> 應真不借三界高超：掃蕩門也。實際理地也。隨流接物者，建
> 立門也，佛事門中也。古人顯此二門。應真者，羅漢也。得無漏果
> 出三界外也。

〔註31〕放：字漫糊不清，疑是。

> 擡頭須掩耳，側掌便飜身：言有欲語，須耳掩，有人欲側手打
>
> 可轉身，迅速之機，不容髮也。

通州狼山蘿庵慧温章

上堂：釋迦老子，四十九年，坐籌帷幄。彌勒大士，九十一劫，帶水拖泥。凡情聖量，不能剗除。理照覺知，猶存露布。佛意祖意，如將魚目作明珠。大乘小乘，似認橘皮為猛火。諸人須是豁開胸襟寶藏，運出自己家珍，向十字街頭普施貧乏。眾中忽有箇靈利漢出來道，美食不中飽人喫。山僧只向他道，幽州猶自可，最苦是新羅。

> 幽州猶自可，最苦是新羅：大休云：幽州乃最上遠絕地，猶可
>
> 在，最上遠是新羅國之鄉。

南康軍雲居普雲自圓章

綿州雍氏子。年十九，試經得度，留教苑五祀。出關南下，歷扣諸大尊宿。始詣龍門，一日，於廊廡間覩繪胡人，有省。夜白高菴，菴舉法眼偈曰：頭戴貂鼠帽，腰懸羊角錐，語不令人會，須得人譯之。復筴火示之曰：我為汝譯了也。於是大法明了。呈偈曰：外國言音不可窮，起雲亭下一時通。口門廣大無邊際，吞盡楊岐栗棘蓬。菴遣師依佛眼，眼謂曰：吾道東矣。

> 頭戴貂鼠帽，腰懸羊角錐：是胡人戴頭帶腰者也。法眼偈，《傳
>
> 燈》二十四。山云：少歃其皮可做頭帽。羊角錐用解衣帶之結。此
>
> 北番之人多如此。

> 吾道東矣：漢鄭玄事，馬融辭歸。融曰吾道東矣。

烏巨行禪師法嗣

饒州薦福退菴休章

上堂：風動邪，幡動邪？風鳴邪，鈴鳴邪？非風鈴鳴，非風幡動，此土與西天，一隊黑漆桶。誑惑世間人，看看滅胡種。山僧不奈何，趁後也打閧。瓠子曲彎彎，冬瓜直儱侗。

> 趁後也打閧：如上西天此土祖師，作種種雜劇。我不奈爭事之
>
> 何？亦只得隨他依樣作笑也。乾打閧者，和訓ノ物笑也。

上堂：結夏時左眼半斤，解夏時右眼八兩。謾云九十日安居，贏得一肚皮妄想。直饒七穴八穿，未免山僧拄杖。雖然如是，千鈞之弩，不為鼷鼠而發機。

七穴八穿：七通八達也。上堂落句。伎死禪和如麻似粟。山云：
無伎倆禪和也。

信州龜峯晦菴慧光章

建寧人。上堂：數日暑氣如焚，一箇渾身無處安著，思量得也是煩惱人。
這箇未是煩惱，更有己躬下事不明，便是煩惱。所以達磨大師煩惱，要為諸
人吞卻，又被咽喉小，要為諸人吐卻，又被牙齒礙。取不得，捨不得，煩惱九
年。若不得二祖不惜性命，往往轉身無路，煩惱教死。所謂祖禰不了，殃及兒
孫。後來蓮華峯菴主到這裏，煩惱不肯住。南嶽思大到這裏，煩惱不肯下山。
更有臨濟德山，用盡自己查梨，煩惱鉢盂無柄。龜峯今日為他閑事長無明，
為你諸人從頭點破。卓拄杖一下，曰：一人腦後露腮，一人當門無齒，更有數
人鼻孔沒半邊。不勞再勘，你諸人休向這裏立地瞌睡。殊不知家中飯籮鍋子
一時失卻了也。你若不信，但歸家檢點看。

查梨：山云：辛苦也。或云：梨子也。取寒酸之意也。

吉州青原如章

僧問：達磨未來時如何？師曰：生鐵鑄崑崙。曰：來後如何？師曰：五
彩畫門神。

五彩畫門神：山云：無義語。又云：家家有之。言顯露了也。
家家門戶，於符上畫鬼神也。

雲居如禪師法嗣

太平州隱靜圓極彥岑章

上堂：今朝八月初五，好事分明為舉。嶺頭漠漠秋雲，樹底鳴鳩喚雨。
昨夜東海鯉魚，吞卻南山猛虎。雖然有照有用，畢竟無賓無主。唯有文殊普
賢，住！住！我識得你。

住住，我識得你：言吞卻猛虎。又不立賓主。唯有文殊普賢，
我識得你。文殊〔註32〕普賢也，疑其寺有文殊普賢歟？

上堂，舉正堂辯和尚室中問學者：蚯蚓為甚麼化為百合？師曰：客舍并
州已十霜，歸心日夜憶咸陽。無端更度桑乾水，卻望并州是故鄉。

〔註32〕文殊：字跡完全漫漶，據文義疑是。

蚯蚓為甚麼化為百合：本草，百合味甘無毒，主邪氣腹脹云々。
化書，老楓化為羽人，朽麥化為蝴蝶，自無情而之有情也。賢女化
為貞石，山蚯化為百合，自有情而之無情也。

桑乾：河名，在幽州。賈島題桑乾渡詩也。

道場辯禪師法嗣

平江府覺報清章

上堂，舉：僧問雲門，如何是諸佛出身處？門曰：東山水上行。師曰：
諸佛出身處，東山水上行。石壓筍斜出，岸懸華倒生。

石壓筍斜出，岸懸華倒生：衡州蔣道士云：若因太守怒不掃地
辱之，守見詩愛而召之，乃上詩云：春來不是人〔註33〕傭掃，可惜
莓苔襯落華云々。《青鎖》。

安吉州何山然首座

姑蘇人。侍正堂之久，入室次，堂問：貓兒為甚麼偏愛捉老鼠？曰：物
見主，眼卓豎。堂欣然，因命分座。

物見主，眼卓豎：貓兒為主，鼠為客。山云：尋常諺語也。認
得元物也。

黃龍忠禪師法嗣

成都府信相戒脩章

上堂，舉馬祖不安公案，乃曰：兩輪舉處煙塵起，電急星馳擬何止？目
前不礙往來機，正令全施無表裏。丈夫意氣自衝天，我是我兮你是你。

擬何止：電星之機不可止也。

大潙果禪師法嗣

荊門軍玉泉窮谷宗璉章

合州董氏子。開堂日，問答已，乃曰：衲僧向人天眾前一問一答，一擒
一縱，一卷一舒，一挨一拶，須是具金剛眼睛始得。若是念話之流，君向西
秦，我之東魯，於宗門中殊無所益。這一段事，不在有言，不在無言，不礙有

〔註33〕春來不是人：五字字跡漫漶，完全看不清楚。

言，不礙無言。古人垂一言半句，正如國家兵器，不得已而用之。橫說豎說，祇要控人入處，其實不在言句上。今時人不能一徑徹證根源，祇以語言文字而為至道。一句來，一句去，喚作禪道，喚作向上向下，謂之菩提涅槃，謂之祖師巴鼻。正似鄭州出曹門，從上宗師會中，往往真箇以行腳為事底，纔有疑處，便對眾決擇。祇一句下見諦明白，造佛祖直指不傳之宗，與諸有情盡未來際，同得同證，猶未是泊頭處。豈是空開脣皮，胡言漢語來。

國家兵器：老子經。

鄭州出曹門：方語，好遠在，又沒交涉。赴曹州門謂之曹門。

欲行鄭州之人，出曹門去，愈進愈遠〔註34〕也。東京，東曹州，西鄭州。

泊頭處：落著之處也。

上堂：拈拄杖曰：破無明暗，截生死流，度三有城，泛無為海。須是識這箇始得。乃召大眾曰：喚作拄杖則觸，不喚作拄杖則背。若也識得，荊棘林中撒手，是非海裏橫身。脫或未然，普賢乘白象，土宿跨泥牛。參。

土宿跨泥牛：泥土星也。騎牛而行，甚遲緩也。或云：土宿星大鬍也。元跨牛也。未必泥，依土言之歟？

上堂：一切數句非數句，與吾靈覺何交涉？師曰：永嘉恁麼道，大似含元殿上更覓長安。殊不知有水皆含月，無山不帶雲。雖然如是，三十年後趙婆酤醋。

一切數句非數句：《楞伽阿跋多羅經‧一切佛語心品第一》云：不生句，生句、常句，無常句、相句，無相句、住異句，非住異句……數句、非數句（注：此物之數也。此數，霜縷切）……大惠！是百八句先佛所說，汝及諸菩薩摩訶薩，應當修學。又《證道歌》。

三十年後趙婆酤醋：方語歟？自去來。山云：面見愈醜也。或云：我醋甚好。自誇要人買也。自嘆之義也。言三十年後定可知味也。

上堂：宗乘一唱殊途絕，萬別千差俱泯滅。通身是口難分雪，金剛腦後三斤鐵。好大哥。

好大哥：大哥，常謂兄也。今不然。機語也。古尊宿於末後句，多用此語。就中石門蘊禪師說法了，說一一一稱為蘊大哥也。山云：唐土相呼人之語也。

〔註34〕遠：字潦草難辨。

問：行腳逢人時如何？師曰：一不成，二不是。曰：行腳不逢人時如何？師曰：虎咬大蟲。曰：祇如慈明道，釣絲絞水，意作麼生？師曰：水浸鋼石卵。

　　釣絲絞水：山〔註36〕云：釣絲細絲，豈可以得將〔註37〕掬水哉。

　　絞，乃縛也。言無用也。

　　水浸鋼石卵：方語，不爛。

問：三聖道。我逢人即出，出則不為人。意旨如何？師曰：兵行詭道。曰：興化道，我逢人則不出，出則便為人。又作麼生？師曰：綿裏秤鎚。

　　兵行詭道：行私路不行大路也。明修棧道，暗度陳倉之謂也。

　　兵法之？如此也。

問：初生孩子還具六識也無？趙州道，急水上打毬子，意旨如何？師曰：兩手扶犁水過膝。曰：祇如僧又問投子急水上打毬子，意旨如何？曰：念念不停流，又作麼生？師曰：水晶甕裏浸波斯。

　　水晶甕裏浸波斯：方語。注云：多少分明。或云：波斯為水練故云浸。言波斯國人色黑故，水晶裏分明也。波斯國在海中，恰如在水晶中也。以水晶譬喻海水。

問：楊岐道，三腳驢子弄蹄行，意旨如何？師曰：過蓬州了，便到巴州。

　　過蓬州了，便到巴州：山云：蓬州甚高，去天尺五也。巴州，蓬州，集州，壁州，共相連也。去天三尺也。

潭州大潙行章

上堂，橫拄杖曰：你等諸人，若向這裏會去，如紀信登九龍之輦，不向這裏會去，似項羽失千里烏騅。饒你總不恁麼，落在無事甲裏。若向這裏撥得一路，轉得身，吐得氣，山僧與你拄杖子。遂靠拄杖，下座。

　　如紀信登九龍之輦：私曰：向這裏會去，猶未實頭地之謂也。

　　似項羽失千里烏騅：私云：言不薦得又是昧沒自己了。

隆興府泐潭山堂德淳章

上堂：俱胝一指頭，一毛拔九牛。華嶽連天碧，黃河徹底流。截卻指，急回眸。青箬笠前無限事，綠蓑衣底一時休。

　　青箬笠前無限事，綠蓑衣底一時休：鄭谷詩也。

〔註36〕山：漫漶不清，疑是。
〔註37〕將：字潦草難辨。

常州宜興保安復菴可封章

福州林氏子。上堂：天寬地大，風清月白。此是海宇清平底時節。衲僧家等閑問著，十箇有五雙知有。祇如夜半華嚴池吞卻楊子江，開明橋撞倒平山塔，是汝諸人還知麼？若也知去，試向非非想天道將一句來。其或未知，擲下拂子曰：須是山僧拂子始得。

> 非非想天：私曰：向上道將來卜云用處歟？或云：入非非想定
> 時，心無起滅也。言不起是非之謂歟？

隆興府石亭野菴祖璿章

上堂曰：喫粥了也未，趙州無忌諱，更令洗鉢盂。太煞沒巴鼻，悟去由來不丈夫。這僧那，免受塗糊，有指示，無指示，韶石四楞渾塌地，入地獄如箭射，雲岫清風生大廈。相逢攜手上高山，作者應須辨真假。真假分，若為論午夜，寒蟾出海門。

> 四楞渾塌地：四楞著地之義也。

石頭回禪師法嗣

南康軍雲居蓬菴德會章

重慶府何氏子。上堂，舉：教中道，若見諸相非相，即見如來。作麼生是非相底道理？佯走詐羞偷眼覰，竹門斜掩半枝華。

> 佯走詐羞偷眼覰，竹門斜掩半枝華：題妓女詩。言見ザル樣ニ
> シテ見ル也。

教忠光禪師法嗣

泉州法石中庵慧空章

上堂：千家樓閣，一霡秋風。祇知襟袖涼生，不覺園林落葉。於斯薦得，觸處全真。其或未然，且作寒溫相見。

> 一霡：乃一時之謂也。霡，小雨也。

臨安府淨慈混源曇密章

天台盧氏子。依資福道榮出家。十六圓具，習台教。棄參大慧於徑山。謁雪巢一此菴元。入閩，留東，西禪，無省發。之泉南，教忠俾悅眾。解識歸

前資。偶舉香嚴擊竹因緣，豁然契悟。述偈呈忠，忠舉玄沙未徹語詰之，無
滯。忠曰：子方可見妙喜。即辭往梅陽，服勤四載。

> 歸前資：至維那者白也。

住後，上堂。諸佛出世，打劫殺人。祖師西來，吹風放火。古今善知識，
佛口蛇心，天下衲僧，自投籠檻。莫有天然氣概，特達丈夫，為宗門出一隻
手，主張佛法者麼？良久曰：設有也，須斬為三段。

> 吹風放火：用力不多也。

上堂：德山小參不答話，千古叢林成話霸。問話者三十棒，慣能說訶說
夯。時有僧出，的能破的，德山便打風流儒雅。某甲話也未問：頭上著枷，腳
下著匣。你是那裏人？一回相見一傷神。新羅人把手笑欣欣，未跨船舷，好
與三十棒，依前相廝誑。混源今日恁麼批判責情，好與三十棒。且道是賞是
罰。具參學眼者試辨看。

> 慣能說訶說夯：言呵罵人，使人擔物習之也。或云：說訶說夯
> 者，妄誕之言也。

> 的能破的：箭鋒相值也。

> 責情：サクセイ。譴責而抑逼也。セメツメテ，ト云也。

> 恁麼批判責情，好與三十棒：言罪未定。其情不可知。一者罪
> 輕而情重。

上堂：三世諸佛，無中說有，蘭薝拾華針。六代祖師，有裏尋無，猿猴
深水月。去此二途，如何話會？儂家不管興亡事，盡日和雲占洞庭。元菴受
智者請，引座曰：南山有箇老魔王，炯炯雙眸放電光。口似血盆呵佛祖，牙如
劍樹罵諸方。幾度業風吹不動，吹得動，雲黃山畔與嵩頭陀，傅大士，一火
破落戶，依舊孟八郎，賺他無限癡男女，開眼堂堂入鑊湯。忽有箇衲僧出來
道，既是善知識，為甚賺人入鑊湯？只向他道，非公境界。後示寂，塔于寺之
南菴。

> 一火破落戶：一火者，一隊也。破落戶，磊砢貌。又，把不住
> 貌。或云：和訓ノ，アバレモノ也。

西禪需禪師法嗣

福州鼓山木庵安永章

上堂：要明箇事，須是具擊石火，閃電光底手段，方能嶮峻巖頭全身放

捨，白雲深處得大安居。如其覷地覓金針，直下腦門須迸裂。到這裏假饒見機而變，不犯鋒鋩，全身獨脫，猶涉泥水。祇如本分全提一句，又作麼生道？擊拂子曰：淬出七星光燦爛，解拈天下任橫行。

> 覷地覓金針：山云：宜子細尋覓。覓金針者，小知小之謂也。

上堂曰：紫蕨伸拳筍破梢，楊華飛盡綠陰交。分明西祖單傳句，黃鸝留鳴燕語巢。這裏見得諦，信得及，若約諸方決定，明窗下安排。龍翔門下直是一槌槌殺。何故？不是與人難共住，大都緇素要分明。

> 紫蕨伸拳筍破梢：山谷詩，蕨芽初長少兒拳，云々。

> 黃鸝留鳴燕語巢：林云：本朝ノ鶯也。或云：黃鸝者，鸝鳴聲
> 也。

南劍州劍門安分菴主，少與木菴同隸業安國，後依懶菴，未有深證。辭謁徑山大慧，行次江干，仰瞻宮闕，聞街司喝侍郎來，釋然大悟。作偈曰：幾年箇事挂胸懷，問盡諸方眼不開。肝膽此時俱裂破，一聲江上侍郎來。

> 街司：老驅之供奉人也。

示眾，十五日已前，天上有星皆拱北。十五日已後，人間無水不朝東。已前已後總拈卻，到處鄉談各不同。乃屈指曰：一二三四五，六七八九十，十一十二十三十四，諸兄弟今日是幾？良久曰：本店買賣分文不賒。

> 本店買賣分文不賒：關云：唐土賣買之店，必皆分文不賒四字
> 小牌也。

開善謙禪師法嗣

建寧府仙州山吳十三道人章

每以己事扣諸禪，及開善歸，結茆於其左，遂往給侍。紹興庚申三月八日夜，適然啟悟，占偈呈善曰：元來無縫罅，觸著便光輝。既是千金寶，何須彈雀兒？善答曰：啐地折時真慶快，死生凡聖盡平沈。僊州山下呵呵笑，不負相期宿昔心。

> 占偈：不及書。以口暗誦也。與口占一般也。

天童華禪師法嗣

慶元府天童密庵咸傑章

上堂：世尊不說說，拗曲作直。迦葉不聞聞，望空啟告。馬祖即心即佛，

懸羊頭賣狗肉。趙州勘菴主，貴買賤賣，分文不直。祇如文殊是七佛之師，因甚出女子定不得？河天月暈魚分子，檞葉風微鹿養茸。

> 河天月暈魚分子，檞葉風微鹿養茸：言依月影魚生子也。大休云：河天，乃天上銀漢也。八月夜月生暈，此夜，人服〔註39〕水中魚生子也。或云：暈者，月傘也。茸乃草初生也。譬如鹿之角初生出也。檞葉時節，鹿角初生也。茸，角也。

南書記者

福州人，久依應菴，於趙州狗子無佛性話豁然契悟。有偈曰：狗子無佛性，羅睺星入命。不是打殺人，被人打殺定。菴見，喜其脫略。紹興末終於歸宗。

> 羅睺星入命：九曜中羅睺星棄人命也。

侍郎李浩居士

字德遠，號正信。幼閱《首楞嚴經》，如遊舊國，志而不忘。持橐後，造明果，投誠入室。應菴揕其胷曰：侍郎死後，向甚麼處去？公駭然汗下。菴喝出，公退參。不旬日，竟躋堂奧，以偈寄同參嚴康朝曰：門有孫臏鋪，家存甘贄妻。夜眠還早起，誰悟復誰迷。菴見稱善。有鬻胭脂者，亦久參應菴，頗自負。公贈之偈曰：不塗紅粉自風流，往往禪徒到此休。透過古今圈繢後，卻來這裏喫拳頭。

> 持橐：《趙充國傳》云：張安世持橐簪筆，事孝武帝。注雲：橐所以盛書也。近臣負橐簪筆從，備顧問，或有所紀也。
>
> 孫臏：見《真仙通鑒〔註40〕》書第四卷首。
>
> 甘贄妻：《傳燈》第十。

〔註39〕服：字漫漶不清，疑是。

〔註40〕真仙通鑒：即元代中期浮雲山聖壽萬年宮道士趙道一修撰的《曆世真仙體道通鑒》。